走进日本

大逆转

日本的潜力

迹见学园女子大学经营管理系研究会 著
许丹 译

上海远东出版社

图书在版编目(CIP)数据

大逆转：日本的潜力/日本迹见学园女子大学经营管理系研究会著；许丹译. —上海：上海远东出版社，2017
（走进日本）
ISBN 978-7-5476-1311-5

Ⅰ. ①大… Ⅱ. ①日…②许… Ⅲ. ①企业管理—研究—日本
Ⅳ. ①F279.1

中国版本图书馆 CIP 数据核字(2017)第 245507 号

上海市版权局著作权合同登记 图字：09-2016-720
GYAKUTEN NO NIHONRYOKU

大逆转
——日本的潜力
迹见学园女子大学经营管理系研究会 著 许 丹 译
责任编辑/黄诗韵 装帧设计/张晶灵

出版：上海世纪出版股份有限公司远东出版社
地址：中国上海市钦州南路 81 号
邮编：200235
网址：www.ydbook.com
发行：新华书店 上海远东出版社
上海世纪出版股份有限公司发行中心
制版：南京前锦排版服务有限公司
印刷：上海信老印刷厂
装订：上海信老印刷厂

开本：890×1240 1/32 印张：7.375 字数：158 千字
2017 年 11 月第 1 版 2017 年 11 月第 1 次印刷

ISBN 978-7-5476-1311-5/F·613
定价：35.00 元

“走进日本”丛书编委会名单

总 序

关注日本，研究日本

卢明明

打开世界地图，在中国的东北方向有个由一连串大小迥异的岛屿构成状如鲸鳄的国家，它就是我们两千余载的近邻，又是我们一百来年的宿敌。

一、中国如何看日本

倘若有兴趣上网搜索一下古今中外要人对日本的评价，赫然呈现如下信息：

> 大清康熙皇帝曰："倭子国，最是反复无常之国。其人，甚卑贱，不知世上有恩谊，只一味慑于武威……"
>
> 法国孟德斯鸠云："日本人的性格是非常变态的。在欧洲人看来，日本是一个血腥变态、嗜杀成性的民族。日本人顽固不化、任性作为、刚愎自用、愚昧无知，对上级奴颜卑膝，对下

级凶狠残暴。日本人动不动就杀人，动不动就自杀。不把自己的生命放在心上，更不把别人的生命放在心上。所以，日本充满了混乱和仇杀。”

戴高乐总统谓：“日本，这是一个阴险与狡诈的残忍民族，这个民族非常势利，其疯狂嗜血程度类似于欧洲中世纪的吸血鬼德库拉，你一旦被他看到弱点，喉管立即会被它咬破，毫无生还可能。”

美国富兰克林·罗斯福总统称：“日本人是有史以来我见过的最卑鄙、最无耻的民族。”

巨富约翰·D.洛克菲勒说：“日本人除了复制别国科技外一事无成，它何曾独立为世界文明作过贡献，充其量只是个工匠型的二流民族而已。”

据日本《朝日新闻》2016年5月3日报道，公益财团法人的新闻通信调查会“于近日”对外公布其在美国、中国、韩国、英国、法国及泰国共6个国家所实施的“有关日本媒体舆论调查”，结果显示，中国受访者对日本的负面和正面看法分别为90%和5%。

至于每逢“九一八”“七七”等中日战争主要国耻日、纪念日，尤其是中日两国一旦因钓鱼岛问题勾起纠纷，大批中国民众就会异常激愤地在网上对日本政府和大和民族口诛笔伐；更有甚者涌上街头打砸日企门店，损毁日本产品，突显其对“一衣带水”邻邦的积恶至深、怀恨至烈。

不言而喻，国人所有的怨愤都源自19世纪末至20世纪三四十年代发生的两场中日鏖战。中国人民在炽烈战火中备受戕害，曾不惨然。

可是，这两段历史如今已分别过去了一百多年和七十多年。中日两国在20世纪70年代恢复邦交后曾一度建立起相当密切的交往合作关系。遗憾的是，两国的外交关系在近年却发生逆转，疾趋低迷。

从我们的历史记忆里和现实视野中，对于这个国土窄小、能量超凡的国家，似应注意到这样两个侧面：

一面，因为与清、俄两回格斗，自战胜而狂：悍然撕咬亚洲各国，并在整个世界恣肆掀动腥风血雨，四邻皆成深仇大恨冤家。

一面，由于吞虎吞象一朝摧折，缘战败而强：决然革新体制结构，乃激励全体国民迅捷复兴社会经济，一跃而为拔山扛鼎强国。

对于这个长久的近邻和曾经的宿敌，我们理应格外关注和深入研究。日本绝不是能用唾沫淹之、狂言灭之的“蕞尔小国”“等闲之辈”！

知己知彼不仅是战场、商场争斗的必要条件，也是人际、国际交往的基本前提。

事实上，迄今为止，我们对这个国家和民族的认知似可以一言蔽之曰：眼中茫昧，梦里依稀。

众所周知，中国知有日本，乃始于《山海经》。以后历代正史大多设有日本传记；至明清，叙述稍详。但所有这些著录都不免停滞在浅表层面。恰如陈舜臣先生所言：“过去中国人了解日本，主要是从旅行者、九州古代政权的使者等那里听来的。不论是关于理论，还是关于现实，都很遥远，是朴素的传闻。”

直至近现代，自黄遵宪的《日本国志》、戴季陶的《日本论》、王芸生的《六十年来中国与日本》、蒋百里的《日本人：一个外国人的研究》等寥若晨星的专著问世，才开始改变“知其一不知其二，见其外不识其内”的粗略认知。

作为戊戌变法重要参与者的黄遵宪，堪称高度关注、系统研究日本的中华第一人。

在他就任驻日参赞官期间，亲见明治维新通过一系列制度改革而致神速富强的事实，“乃信其改从西法，革故取新，卓然能自树立”。因此，花费八九年时间，精心编写了以介绍制度为主的《日本国志》，以“质之当世士夫之留心时务者”，纠正国人对日本的模糊和错谬的观感。

他所写的《日本国志》共40卷、50余万字，分“国统”“邻交”“天文”“地理”“职官”“食货”“兵”“刑法”“学术”“礼俗”“物产”“工艺”等十二志。书中对明治维新相关内容记述颇详。全书除“国统”“职官”“邻交”“学术”等志略述古代内容外，其余八志全部记载明治维新历史。书中以“外史氏曰”方式来阐述自己对这场变革的研判，且推论及中国。

但因清廷高层颟顸，黄遵宪《日本国治》一书出版竟搁置十年之久，迨至甲午战败才得问世。梁启超因之甚为痛惜，倘《日本国志》能及时出版，就不至“令中国人寡知日本，不鉴，不备，不患，不悚，以至今日也”。

此书甫一出版，洛阳纸贵，广受热捧，在戊戌变法时期对光绪皇帝及朝野维新人士影响甚巨，一时间引发了学习强敌日本的思潮；不少人甚至倡言聘用伊藤博文担任朝廷改革顾问，贵州举人傅夔干脆奏请“留伊藤为相，以行新政”。

后来，尽管发生戊戌政变，以慈禧为核心的清朝统治集团对于明治维新的兴致却不稍衰减。1905年，为缓解统治危机，效仿君主立宪，清廷派出两个高级代表团，分别前往欧美和日本等国考察政治。立宪派重要代表、镇国公爱新觉罗·载泽乃率团亲赴日本考察立宪制度。直到清朝解体，这波高潮才渐消退。

十几年后，留学、旅居日本多年的戴季陶鉴于"中国人对于日本，总抱着一个'我们是文化的先进国'的历史心理"，"对于日本的社会，观察错误和判断错误，很普遍的"。他警醒国人："你们试跑到日本书店里去看，日本所做关于中国的书籍有多少？哲学、文学、艺术、政治、经济、社会、地理、历史各种方面，分门别类的，有几千种。每一个月杂志上所登载讲'中国问题'的文章，有几百篇。参谋部、陆军省、海军军令部、海军省、农商务省、外务省，各团体、各公司，派来中国长住调查或是旅行视察的人员，每年有几千个。单是近年出版的丛书，每册在五百页以上，每部在十册以上的，总有好几种，一千页以上的大著，也有百余卷。'中国'这个题目，日本人也不晓得放在解剖台上，解剖了几千百次，装在试验管里化验了几千百次。"他认为"实在日本这一个民族，他的自信心和向上心，都算是十分可敬。"并且嗟吁："我们中国人却只是一味地排斥反对，再不肯做研究工夫。"为此奋笔撰成《日本论》，从宏观角度揭示日本的文化传统与社会性格，并从具体的神学理论、军政大佬个性、外交关系事件等微观角度剖析。

1937年8月，民国著名军事学家蒋百里撰写了《日本人：一个外国人的研究》，严厉批判日本民族是"一个原来缺少内省能力缺少临时应用能力的急性的民族"，"原是崇拜外国人的"，但也认可其“很能研究外国情形。有许多秘密的知识，比外国人自己还丰富”，最后引用一位德国长者的告诫“胜也罢，败也罢，就是不要同他讲和”。

由此以降，斗转星移，相似成果，不复见矣。

近年来，虽有学者文人撰写若干介绍、研究日本的著述，但仍显管窥蠡测之陋、凤毛麟角之稀。

二、其他国家如何看日本

至今，对日本研究最为透彻的国家当首推美国。其中，两位专家影响最大，即露丝·本尼迪克特和埃德温·赖肖尔。

第二次世界大战临近尾声时，为制定对日最后决策，美国政府动员各方专家研究日本，提供资料和意见，其中包括人类学家本尼迪克特。

她根据文化类型理论，运用文化人类学方法，把战时拘禁在美国的日本人作为调查对象；同时大量参阅书刊和日本的文学、电影，完成报告。其结论是：日本政府会投降；美国不能直接统治日本；要保存并利用日本原有行政机构。1946年，她将自己的研究成果整理出版，取名《菊与刀》，向世界全方位介绍日本的历史、文化、民俗、宗教和制度，旨在“为了对付敌人的行动，我们必须要理解敌人的行为”，“我们必须努力弄清日本人思想、感情的脉络，以及纵贯这些脉络之中的特点和规律，了解他们在思维和行动的背后所隐藏的强制力”。

接着，长期批评美国政府对亚洲文化，特别是对日本文化陷于无知泥淖的学者赖肖尔连续发表学术著作，不时举办教育讲座，以促进美国对日本文化的了解。后来，约翰·肯尼迪总统任命他为驻日大使。赖氏在任期获得巨大成功，有效增进了美日两国的关系。

赖肖尔在这方面的研究成果有同费正清合著的《东亚：伟大的传统》(1960 年)、《日本：一个民族的故事》(1970 年)、《日本人》(1977 年)和《1907～1982 年的日本社会》(1982 年)等。

在这些研究者眼中，日本人和日本文化具有相当的独特性。

一方面，"日本人围绕着禅宗形成了一整套系统的审美观点，这些思想观念成为日本文化的永恒因素。日本人认为纤细、简单、自然乃至畸形怪状，比庞大、壮观、造作和整齐划一珍贵"；另一方面，"日本人生性极其好斗而又非常温和；黩武而又爱美；倔傲自尊而又彬彬有礼；顽梗不化而又柔弱善变；驯服而又不愿受人摆布；忠贞而又易于叛变；勇敢而又懦怯；保守而又十分欢迎新的生活方式。他们十分介意别人对自己的行为的观感，但当别人对其劣迹毫无所知时，又会被罪恶所征服。他们的军队受到彻底的训练，却又具有反抗性"。

具体而言，表现在这样几个方面。

1. 文化素质方面

(1) 善于学习

"他们保留了自己的文化特性，而且还显示出他们确实是一个具有非凡创造能力的民族"；"一贯重视非物质资源"，"善于吸取别国的先进技术和文化"。

(2) 崇尚教育

日本人从一开始就非常重视基础教育,从而确立了牢固的民族国家和高等教育的基础;"是世界上受到最优秀教育的民族,任何国家都无法与之相提并论"。

(3) 遵从集体

日本人具有酷爱成群结队的天性;"集团主义是日本民族的性格特征";"建立了对于小团体和整个国家都是非常珍贵的团结。日本企业的成功,极为依赖这种团结,而集体意识是日本民族力量的核心"。

为了使他们的团体制度成功地运转,日本人认为应该明智地避免公开对抗,为了避免冲突并维护集体的团结,日本人广泛运用中间调停的办法;"尽量减少直接竞争的做法,贯穿于日本人的全部生活",所以他们不喜欢打官司,宁愿接受仲裁和妥协,"诉诸法庭是走投无路的办法"。

(4) 重视等级

日本人认为等级制度是天经地义的,身份地位举足轻重,但是阶级意识和实际的阶级差别极其单薄和微弱,对等级制的信赖是基于对个人与他人以及个人与国家之间的关系所持的整体观念。但是他们并非无条件地承认等级制的优越,习惯运用一些明确的手段以调节制度,使之不致破坏公认的常规。

在家庭以及人际关系中,年龄、辈分、性别、阶级决定着适当的行为。在政治、宗教、军队、产业等各个领域中,都有十分周到的等级划分,无论是上层还是下层,一逾越其特权范围,必将招致惩罚,充分体现了"各得其所,各安其分"的信条。

同样，日本人在看待国际关系的全部问题时也都带着等级制的观念。

（5）讲求修养

日本式的教养要求任何动作都要文静，每一句言辞都要符合礼貌。自我修养的概念大致可分为两类：一类是培养能力；另一类则不仅培养能力，而且要求更高，通常称之为“圆熟”，是指在意志与行动之间“毫无障碍，纤发悉除”的体验，它使人们能够最有效地应付任何局面，用力不多不少，恰如其分，能使人控制恣意妄为的自我，不躁不乱，无论遇到外来的人身危险或内心的激动，都不会失去镇定。

在日本，要在家里学习礼仪并细致地观察礼仪。母亲背着婴儿时就应当用手摁下婴儿的头，教其懂礼节。幼儿摇摇晃晃会走时，要学的第一课就是学习尊敬父兄。妻子要给丈夫鞠躬，孩子要给父亲鞠躬，弟弟要给哥哥鞠躬；女孩子则不论年龄大小，要向哥哥和弟弟鞠躬。

（6）通达应变

“日本人已经证明自己是一个生机勃勃、充满活力、能适应快速的有目的变化的民族”；对于变化着的外部局势的反应极其敏锐，能迅疾判断形势，把握时机，迎接挑战，“一旦他们选择了一条路就会全力以赴，如果失败了，就顺理成章地选择另一条路”，他们认为采取了某个行动方针却未能实现目标，就会把它当作失败的主张加以抛弃。

2. 道德素质方面

日本人的人生观表现在他们的“忠、孝、情义、仁、人情”等德行规定之中。他们认为,“人的义务的整体”像在地图上划分势力范围一样分成若干领域。用他们的话来说,人生是由“忠的世界”“孝的世界”“情义的世界”“仁的世界”“人情的世界”及其他许多“世界”组成的。

(1) 忠君守法

他们“忠”的对象转向具体的人并且特指天皇本人。从丧葬到纳税,税吏、警察、地方征兵官员都是臣民尽忠的中介。按照日本人的观点,遵守法律就是对他们的最高恩情——“皇恩”的回报。

当1945年8月14日日本投降时,日本人的“忠”在全世界显示了难以置信的威力。在天皇的“玉音”尚未广播之前,顽强的反对者们围住皇宫,试图阻止停战诏书的宣布。但一旦宣布,他们就全都服从了。

(2) 行孝敬祖

日本的“孝道”只是局限于家庭内部,充其量只包括父亲、祖父,以及伯父、伯祖父及其后裔,其含义就是在这个集团中,每个人应当确定与自己的辈分、性别、年龄相适应的地位。孝道是必须履行的义务,甚至包括宽待父母的恶行或失德。

其祖先崇拜只限于记忆中的祖先。祖先墓碑上的文字,每年都要见新,若是已无记忆的祖先,其墓碑就无人过问,家里佛龛上也没有他们的灵位。他们注重的是现时现地。

(3) 重义推诚

“在日本,‘义’是靠承认一个人在互欠恩情这张巨网中的适当地位来维持的,这张网既包括其祖先,也包括其同代人。”

日本人对老师、主人负有特殊之恩。他们都是帮助自己成长起来的人，对自己有恩，将来也可能在他们有困难时要答应他们的请求，或对他们身后的亲属给予特别照顾。人们必须不遗余力地履行这种义务，而且这种恩情并不随着时间而减轻，甚至时间越久，恩情越重，形成一种“利息”。所以他们不喜欢随便受恩而背上人情债。

在日本，自尊心则是与报答施恩者联系在一起的；把不能报恩的人视为“人格破产”。

在道德方面强调“诚”，“是指热诚地遵循日本道德律和日本精神所指示的人生道路”；“诚”这个词经常用来赞扬不追逐私利的人，也经常被用来颂扬不感情用事。

(4) 知耻自律

日本人把羞耻感纳入道德体系。不遵守明确规定的各种善行标志，不能平衡各种义务或者不能预见偶然性的失误，都是耻辱。他们认为，知耻为德行之本。任何人都十分注意社会对自己行动的评价。他们须推测别人会作出何种判断，并针对别人的判断来调整行为，其“共同特点是以操行毫无缺陷而自傲”。

他们热衷于自律和磨练毅力；“没有任何民族比日本人更重视自律”；日本人说“自重”，意思是自我慎重，自重常常意味着克制。

再有，面对无法完成的复仇目标，他们往往会倾向于毁灭自己，以“保证尊严和荣誉不被践踏”。

(5) 适情享乐

他们追求享乐，尊重享乐，但享乐又必须恰如其分，不能侵入“人生重大事务”，规定不能把享乐当作严肃的生活方式而纵情沉溺。他们把属于妻子的范围和属于性享乐的范围划得泾渭分明，两个范围都很公开、坦率。

3. 心理素质方面

(1) 感情深沉

他们尽可能地掩藏自己的感情，无论喜怒哀乐，都尽量对人笑脸相迎。

(2) 坚韧不拔

日本人既有一种宿命论的思想，承认自然界可怕的威慑力量，也有一种坚强的毅力，在灾难发生后重振旗鼓、发愤图强。一个由自制自律而又意志坚强的个人组成的社会能产生一种动力。据此可以解释这个民族所展现出的奋斗精神和雄心壮志。

(3) 冒险挑战

他们崇尚武力，热情洋溢，激动好斗，骨子里带有天然的侵略性。

(4) 谨小慎微

日本文化反复向心灵深处灌输谨小慎微，轻易不结交新朋友。但一旦成为朋友，友谊也能牢固地保持下去。

他们的精神高度紧张，唯恐失败，唯恐自己付出巨大牺牲后从事的工作仍不免遭人轻视。有时会爆发积愤，表现为极端的攻击行动。

4. 劳动素质方面

他们勤奋工作，能充分地利用每一平方英尺的可耕地，绝不浪费一点点土地。

5. 身体素质方面

他们很重视锻炼，其传统包括最严酷的冷水浴。这种习惯往往被称作“寒稽古”(冬炼)或称“水垢离”(冷水洗身锻炼)。

至20世纪80年代,日本已成为世界上平均寿命最长的国家。

综上所述,大和民族实在是个具有诸多优长之处的民族。

正如弗朗西斯·培根所告诫的:“尤其有害的还不仅是那种浮夸一时的谬见,而是那种根深蒂固、盘踞人心深处的谬误。”时至今日,我们绝大多数人对于日本国与大和民族的了解、观感仍非常肤浅、相当荒诞!

三、研究、学习和超越

多数国人也许并不知道,在戊戌政变期间、辛亥革命前后,日本政要及民间人士曾经大力救助过维新派与革命派志士!

1898年9月21日,慈禧太后重新“临朝训政”,立即下令逮捕康氏兄弟等维新派官员。梁启超前往日本使馆请求避难。日本公使林权助请示伊藤首相,伊藤指示:“那么就救他吧!救他逃往日本,如至日本,由我来照顾他。梁这位青年,对中国来说,实在是宝贵的人物。”林于是将梁秘密送往日本。不久,康有为、黄遵宪等亦在伊藤等人帮助下,先后到日本避难。之后,伊藤还应英国公使要求,亲往李鸿章宅邸,为已经被捕的维新派官员张荫桓求情。

孙中山在日本期间,也多次受到日本方面援手。1913年8月,孙中山等革命党避难日本,袁世凯曾向日本方面提出过驱逐孙的要求,却遭婉拒。正是在日本政府着意庇护之下,孙才得以同日本各大财团、民间人士、大陆浪人组织,以及军部、参谋本部人士进行广泛联络,以筹措资金、组织人员、整合力量。于是乎,日本一度成了“中土”革命派培养、酝酿革命力量的温床和基地。

这是在近代中日关系历史演进中两段不应忽略或抹去的记录。由此当省：在中日两国之间，并非只存仇恨怨恶。

悲辛的过去，固然不能忘却，但绝不应当成为我们观察、了解对方的翳障！

前人有谓：“其知弥精，其所取弥精；其知弥粗，其所取弥粗。”

审察日本近一个半世纪来的发展历程，不能不认识到，正是明治维新为这个国家和民族走向近代化和现代化、自立称雄于世界奠定了厚实的路基，提供了巨大的动能，并造就了优异的禀赋。

从这场改变日本国运的改革浪潮中，我们应能发现这个国家和民族所拥有的瑰宝。

第一，奋迅灵动的学习素质。

正如赖肖尔所言，日本人“对于中国，对于其他民族，从未丧失过研究的兴趣，也从未停滞过研究、思索的步伐。他们的作法是：研究、学习、然后超越他们”。他们尊奉“不耻效人，不轻舍己”的学习观，既勤于模仿别人，又善于在学习、吸收外国文化的同时仍保持自己的文化个性，亦即“能合欧化汉学熔铸而成日本之特色”。

戴季陶指出，日本明治维新的建设“并不是靠日本人的智识能力去充实起来，而是靠客卿充实起来的。军队是德国人替他练的，军制是德国人替他定的。一切法律制度，在最初一个时代，差不多是法国的波阿索那德顾问替他一手造起的。然而指挥、统制、选择、运用，都是在日本人自己”。

相反，几乎在同一国际背景下，而且先于日本启动的、以学习和引进西方长技为中心内容的大清洋务运动，则继承了中国历代大一统专制王朝枯僵的文化、政治基因，“畏天命，畏大人，畏圣人之言”，“法先王”，“遵守祖宗旧制”，束缚于“中学为体，西学为用”的桎梏中，“一切政教风俗皆不敢言变更”。李鸿章等重臣偏狭肤浅地以为，“中国文武制度，事事远出西人之上，独火器万不能及。……中国欲自强，则莫如学习外国利器，欲学习外国利器，则莫如觅制器之器，师其法而不必尽用其人”。倒是通商大臣张树声看得比较透彻，他认为西方国家“育才于学堂，论政于议院，君民一体，上下同心，务实而戒虚，谋定而后动，此其体也。轮船火炮，洋枪水雷，铁路电线，此其用也。中国遗其体而求其用，无论竭蹶步趋，常不相及。就令铁舰成行，铁路四达，果足恃欤”。

光从西方引入“战舰之精”“机器之利”等细枝末节，忙活了三十来年的“同光新政”，终于免不了“掘井九轫而不及泉，犹为弃井也”的结局。

第二，通达务实的体制素质。

胡汉民在为戴氏《日本论》所写的序中曾这样评议：“日本之一大飞跃，只是指导者策划得宜，地球上任何邦国，没有像日本指导员和民众两者间智力教育、思想、伎俩悬隔之大的，而能使治者与被治者之间无何等嫉视，不缺乏同情，就是指导者策划实施一切得宜，他们遂能成就此之当世任何大政治家毫无逊色的大事业。”

明治时期建立了国会。从那时起，日本政府就已形成了“由集团而非个人进行领导的优秀传统”；“从来没有出现过独裁者，也从来没有人企图攫取这种权力”，“对独裁权力乃至领袖权威的反感和对群体合作的强烈偏爱，构成了日本政治遗产的特征”。领导人“总是组成一个集体，轮流负责各种行政事务”；“日本人不是在高层由个人决策，而是同部属进行广泛的非正式协商，产生一致意见”；“他们也明白，国家不能只局限于政府少数人的专制”。吉田茂高度赞赏“明治时期的领导者们，以天皇为中心，从自己强烈的责任感出发保存了决定权，尤其关心如何来吸取国民的活力并且怎样加以运用”。

1868年，明治天皇颁布了“五条誓文”：“一、广兴会议，万机决于公论；二、上下一心，盛行经纶；三、文武一途以至庶民，各遂其志，人心不倦；四、破旧有之陋习，基于天地之公道；五、求知于世界，大振皇基。”明确宣示了整个国家管理的准则。

回看居傲鲜腆的中国专制政权，其任何关键决策，必须恭请圣谕、圣旨，惟蛰居深宫大院的最高统治者马首是瞻。这种决策体制的荒唐在于：因“天泽极严，君臣远隔”，“自内而公卿台谏，外而督抚，数百十人以外，不能递折”，故“虽有四万万人实数十资格老人支柱掩塞之而已”。身处控制中心的最高决策者凭借这样的信息通道，根本无法及时、准确地了解国家真情实况，以致“民之所欲，上未必知之而与之也；民之所恶，上未必察之而勿之施也”。企盼“英明”决策，无异缘木求鱼！而且，因群臣百姓不敢“妄议朝政”，在决策实施过程中，对目标的偏离，不仅得不到迅速纠正，而且反而会不断加强，直至出现重大失误，才有可能被最高决策者感知；随之作出剧烈反应，于是引起社会振荡。

如赖肖尔所见，日本人从过去遗产中得到的“重要的政治财富，是政府具备伦理道德基础的强烈意识”。

应当承认，日本统治集团的抱负从不拘囿于政权利益，而是始终放眼于民族利益和国家利益。他们的战略目标是“看见必定要造成新的生命，然后旧的生命才可以继续；必定要能够接受世界的新文明，才能够在新世界中求生存。在国内的政治上，他更看得见一代的革命必定要完全为民众的幸福着力，必定要普遍地解放民众，才可以创出新的国家”，旨在创造“为‘人民的生活，社会的生存，国民的生计，群众的生命’而努力的历史”。

并且，这种统治理念和施政行为已被广大国民所理解和接受，从而实现“上下同欲”。正因如此，在一百多年中，无论经济、政治或军事如何跌宕起伏，整个国家总能体现“上下一心”、全力以赴。

反观顾盼自雄的大清，其所有重大举措从来罔顾民族、民生休戚，始终只为大清专制统治。

在甲午战争中，清廷一方面通过加征税赋维持军费，一方面却不惜动用国库，耗费巨额银两为慈禧太后修园祝寿；另一方面，参战清军治疗伤病的费用和营养费则要个人承担，战地医疗无法保障。专制政权这种视百姓为草芥，长期奉行的愚民、殃民政策，怎么可能获取战场对决的胜券？

第三，睿智忠谨的精英素质。

首先是政治精英。据戴季陶考察，日本的改革“并不是由大多数农民或者工商业者的思想行动而起，完全是由武士一个阶级发动出来的事业。开国进取的思想固不用说，就是‘民权’主义，也是由武士这一个阶级里面鼓吹出来的”。

明治时期，一大批年轻的政治家、军事家和实业家得以进入政府决策集团。当16岁的睦仁登基时，木户孝允、大久保利通、西乡隆盛等“明治三杰”的年龄分别为35岁、38岁、41岁，这四位核心人物的平均年龄仅为32.5岁；其余骨干人物，如板垣退助、三条实美、岩仓具视、井上馨、山县有朋、大隈重信、大村益次郎、伊藤博文和陆奥宗光等，合计平均年龄为32.6岁。可以毫不夸张地称，整个国家的领导是个“青年团”！联系古今中外列国历代改革案例，统治集团的年轻化乃是不可或缺的成功条件。

道理很浅显。社会改革说到底是思维方式与行动方式的更新。虽说年龄层次较低者难免在经验上有缺陷；但其感觉、知觉相对敏锐，富于想象和创新，思维和行动能力强盛。在社会发生巨大变动、传统经验价值明显衰减的条件下，与年龄层次较高者相比，他们更能适应社会运动的快速节奏，所以，在一切改革或革命中，成为运动主力和核心完全顺理成章。

明治政治精英“细心地在政治方面划清国家职能的领域，并在宗教方面划清国家神道的领域。他们把其他领域留给国民去自由行事。但是，那些他们认为直接同国家事务有关的统治权，作为新的等级制度的最高官员，他们是牢牢掌握在自己手中的”；“在每一个活动领域中，无论是政治的，抑或是宗教的、经济的领域，明治政治家们都在国家和人民之间定下了各自所属的‘适当位置’的义务”。而日本官僚群体的忠谨、效率和诚实精神则充分保障了国家机器平稳、高速地运转。

其次是知识精英。吉田茂特别指出“改革的顺利推进，不仅仅依靠完成明治维新的领导者们，还有一部分人也发挥了重要的作用，他们就是其后出现的知识分子”，这些知识分子生活在德川时代末期，曾在幕府翻译部门担任职务或者在各藩研究西方情况。他们没有参加过明治维新的工作，但是，他们当中有像福泽谕吉那样从事近代化人才培养的事业，也有像大隈重信那样担任着官职，还有些像涩泽荣一样进入了产业界。他们虽然从事着不同的工作，但是他们有着一致的主张，那就是大胆引进西方的技术和学习西方制度。

对比大清，在政治精英和知识精英中能“放眼看世界”者凤毛麟角，像伊藤博文那样有治理行动力、福泽谕吉那样有思想辐射力的人几乎没有，即便有，也难成气候。

再次是实业精英。赖肖尔十分感慨，“许多发展中国家面临着日本曾经经历过的危机和灾难，但它们的领导人却以牺牲国民的利益为代价，在国外积累了大量的个人财富。但是从来没有一个日本人这样干过。无论是合法获得的，还是非法掠取的利润，都没有被隐藏到国外安全的地方，也没有挥霍在摆阔气的浪费中。这些金钱被重新投资于日本或其他地区的有益的民族事业中”。

相比之下，我们却不能不痛惜地反思，与大和民族奔逸绝尘的前进步伐背道而驰的是，中华民族自元朝以来七百多年间，由于几代低文化统治者野蛮执政所铸就的严酷体制，导致了中国精英及整个民族素质的急剧退化、变异。人们常说“宋亡之后无中国，明亡之后无华夏”，其源盖出于此！

进入21世纪，人类世界在日趋激烈的全面竞争中疾速发展。中国要复兴和驰骋，就必须像日本那样敢于、善于向对手和敌人学习、借鉴，彻底改良和提升体制、精英和国民素质。

现在，一批20世纪80年代去日本留学的有识之士正在为我们全面了解、深入研究日本这个近邻而系统地选择一批反映日本社会、经济、文化的书籍，编成“走进日本”丛书。出版有关日本政治、经济、文化、科技等译著，这正是我们民族亟需的有关宏旨、无羞亟问的当紧事业。

戴季陶先生八十多年前留言:“要切切实实地下一个研究日本的工夫。他们的性格怎么样?他们的思想怎么样?他们风俗习惯怎么样?他们国家和社会的基础在哪里?他们生活根据在哪里?都要切实做过研究的工夫。要晓得他的过去如何,方才晓得他的现在是从哪里来的。晓得他现在的真相,方才能够推测他将来的趋向是怎样的。……总而言之,非晓得他不可。”

而今这一期盼终于得到了强实践行,这是善举,也是盛举,更是壮举。我们拭目以待!

目 录

卷首语

本书描述了日本的新增长战略。虽然日本经济长期低迷不振，但如果我们认为日本经济的低迷将永无止境却是太过悲观了。逆转翻身是完全可能的。

40多年前，在日本经济高速增长的末期，前首相田中角荣的日本列岛改造论曾名噪一时。随后，1973年石油危机爆发。到2050年时，现在的女大学生将会年近花甲，现在正是年富力强的工薪一族将走到生命的尽头。40多年前，人们对于泡沫经济及其破灭、柏林墙倒塌、东日本大地震等或许根本想象不到。今后的日本，也很可能发生超出人们想象的事情。我们应当准备好日本再生大剧的蓝本。

本书的特点是涉及的领域非常广泛。迹见学园女子大学经营管理系云集了社会科学各个领域的专家学者。专家们不仅从经济学、经营学的视角，还从文化、环境、观光旅游、生活、健康等多个专业角度论述了日本复兴的方略。

本书自始至终都在强调日本品牌的高品质，如深受新兴国家欢迎的汽车和化妆品、卓越的环境技术、注重健康的饮食文化、多功能的精密家电、国际化观光旅游胜地京都等，不胜枚举。凡此种种，都是“日本力量”的体现。只要我们的政府和企业善于经营、管理好这种“日本力量”，那么高增长就不是梦想。

所谓经营管理，就是目标明确，并通过对现有资源的运行管理达到成果最大化。如果能以本书为契机，使经营管理的手法在日本经济社会的各行各业得以践行，形成一股日本再生的新气象，那将是我们经营管理研究会的成员们的无上荣幸。

迹见学园女子大学经营管理系主任　山泽成康

2012 年 5 月

1

第1章

日本再生的蓝图

日本经济看似长期低迷不振，但日本的优势并没有丧失，其中的代表就是汽车和化妆品。新兴国家向往着日本的产品和生活方式。只要日本能够引领全球的大众消费社会，那么哪怕正处于少子化、老龄化进程中，也能维持较高的经济增长。根据模拟演示，只要管理恰当，到2050年，日本也能维持世界第四的GDP规模。

1

新兴国家向往“日本力量”

悲观中的一抹亮色

现在的日本，全国上下一片愁云。曾经是“失去的10年”，转眼间已然是“失去的20年”了。相当多的日本人似乎已经绝望了，认为“美好的时代”不复再来。

果真如此吗？本书将从“日本式管理”的角度来探讨日本经济复苏的可能性。众所周知，当前日本经济的状况不容乐观。如果我们放任自流，不做任何努力的话，日本的将来将会惨不忍睹。

本书要描述的是日本抓住现实机遇、重新崛起的景象，就是日本“可能”呈现的未来。

如果我们关注一下新闻报道，就会发现鼓舞人心的好消息其实也有不少。比如说，《日本经济新闻》在2012年2月3日的头条新闻就是《商社获海外红利1兆日元——日元升值促投资，资源项目结硕果》。报道称，7家商社2011年度从海外子公司获得的红利金额达到1兆零数百亿日元，创出历史新高。十年来，综合商社从贸易业务转向项目投资，这种盈利模式的转换成效显著。

还是《日本经济新闻》，2012 年 2 月 24 日第 13 版有一篇题为《中国啤酒销量增 6 成——朝日瞄准富裕阶层》的报道，介绍了朝日啤酒霸气的年度计划。随着超爽生啤等产品在以中国上海等沿海城市富裕阶层为中心的消费者中开始流行，朝日啤酒制定了抓住需求、加快步伐、增强收益的方针。在"日本经济败势浓"论调大行其道之时，终于出现了一些令人振奋的消息。

即便如此，日本要重返国内生产总值(GDP)世界第二的规模还是困难的，因为我们可以预见，印度、中国等拥有巨大人口的新兴国家的经济增长还会继续。不言而喻，人口大国的发展必然带来巨大的 GDP。然而，这对日本来说倒是值得高兴的。因为从结果上来说，印度、中国的发展将会增加日本进一步发展的可能性。

新兴国家的发展将会带来世界消费市场的持续扩大。借助这种"世界消费经济"的惊人发展，日本在人均 GDP 这个"货真价实的富裕"指标上达到一个极高的水平是完全可能的。为什么能够这么说呢？首先，让我们来回顾一下 20 世纪 80 年代后期以后的世界，来看看当前世界经济正在发生着怎样的变化，其本质究竟是什么。

20 世纪 90 年代美国的"大逆转"及其破灭

日本经济顺风顺水的最后时代是 20 世纪 80 年代。在日元开始急剧升值的 1985 年，苏联提出了改革的口号，并于 1987 年与美国签订了全部销毁中程和中短程核导弹的条约(《中导条约》)。不久之后,世界各地的内战终结。到1989年,波兰、捷克等国相继发生政权交替,柏林墙倒塌;12月,东西冷战结束。

正当日本经济处于高歌猛进的鼎盛时期,美国却正在为财政赤字所困扰。然而,就是在那种情况下,里根总统奉行"以实力求和平"的方针,最终迎来了冷战的结束。1991年12月,苏维埃联邦解体。20世纪80年代,在日本经济登峰造极而美国苦于财政赤字之时,曾有人预言"21世纪将不再属于美国"。然而,事实上却是,里根政府和布什政府在逆转管理上取得了成功。

20世纪90年代,世界局势彻底改观,市场一体化和美国一极独大的时代突如其来。美国迎来了"大逆转"。资本主义与社会主义、市场经济与计划经济的对立烟消云散,以美国标准为基础的全球标准甚嚣尘上,让人觉得美国的繁荣将永不衰落。

可是,进入21世纪以后,形势开始发生变化。中国等新兴国家的经济持续高速增长,与此同时,美国经济因资产泡沫而成为强弩之末。2008年,雷曼兄弟的破产引发了新的危机。从表面上看,美国在市场一体化的浪潮中似乎是一路高歌猛进、无往而不胜。然而,实际情况如何呢?尽管硅谷的IT企业和华尔街的金融企业领先世界,美国20世纪90年代的繁荣景象却被指为"没有雇用的经济复苏"(打着"合理"的旗号进行了冷峻而无情的裁员)。在企业的高管们讴歌繁荣的时候,贫富差距日益扩大,而填补这种差距的正是次级贷款。次贷催生出房地产泡沫,而房产泡沫则成为危机爆发的导火索。

大众消费社会的全球化

那么,冷战结束带来的最为本质的变化是什么呢? 就是大众消费社会的全球化。下面,让我们来回顾一下大众消费社会是如何生成、发展的。

1865 年,南北战争结束之后,美国经济取得了高速发展。随着资本的快速积累和产能过剩,到了 19 世纪末期,销售受到了前所未有的重视,由大企业主导的对生产、流通、销售的纵向整合日渐盛行,"市场营销"这一概念应运而生。

在时隔不久的 20 世纪初叶,美国发挥了其在世界历史上的决定性作用,即确立了汽车工业这一把个人消费和经济发展直接连结在一起的支柱产业。亨利・福特创建福特公司后卖出第一辆 T 型车是在 1908 年。到了 1913 年,为了提高难于管理的新移民劳动者的生产效率,福特开发出了"流水线作业方式",极大地提高了生产效率,大幅度降低了生产成本。正是这种流水线作业方式的引入和应用,使大众消费社会的诞生成为可能。流水线作业方式不啻为一个划时代的创新。

汽车原本是有钱人才能拥有的奢侈品,从此变为人人都能够触手可及的日用品。时至 1929 年大恐慌前夜,汽车在美国全国家庭中的普及率已经达到了百分之七十八。

汽车工业之所以为支柱产业,是因为汽车看似只是一个简单的铁疙瘩,却是由几万个零部件组装而成的,不容易模仿,不太会导致价格竞争,反过来说就是靠非价格竞争就可以维持高附加价值，而且汽车零部件复杂繁多，能够创造出大量的工作岗位。

从生产方面来看，一个让装配工也能成为社会中流的产业诞生了；从消费方面来看，所有人都有可能买得起曾经只是梦想的汽车了。汽车工业的发展和汽车的普及，让所有美国人的美国梦都有了实现的可能。消费开始成为美国人的生活重心，然后是发达国家大多数人的价值中心。大众消费社会诞生了，并且开始引领之后的世界历史。

20 世纪 20 年代，在汽车工业大发展的坚实基础上，美国社会迎来了一个辉煌的时代。1920 年，无线电广播开始播音，宣告了媒体时代的来临。爵士乐、迪士尼电影、社交派对等美国文化华丽绽放。那种充满魅力的时代景象，我们在菲茨杰拉德所著的《了不起的盖茨比》里面可见一斑。即使在现代的日本，20 年代美国的魅力仍然在通过电影、翻译作品等广为流传。

虽然美国式大众消费社会的模型在 20 世纪 20 年代就已经完成，但由于 1929 年大恐慌的爆发，消费社会的理想待到第二次世界大战之后才得以实现。为了能尽快从大恐慌后的大萧条中起死回生，美国经历了一番苦战，实行了罗斯福新政等。然而，战争却不可避免地降临了。1945 年，第二次世界大战结束，美国又迎来了新的飞跃。

由于美国本土在战争中几乎没有遭受损伤，因此美国在第二次世界大战之后迅速复苏。美国大众消费社会的鼎盛时期，从时代划分来说，是从战时总统杜鲁门下台、艾森豪威尔就任总统的 1953 年 1 月到 1963 年 11 月时任总统约翰·肯尼迪遭暗杀为止的 10 年间。

这一时期，美国虽然还有苏联这一外部敌人，经济上却是一枝独秀，国内也不存在价值观方面的动荡，到处是一派富庶、繁荣的景象。而支撑起这个无忧无虑的幸福时代的正是大众消费社会模式。汽车工业和家电产业几乎是独领风骚，人数众多的中产阶级构成了富足的美国社会的主体。

20 世纪 60 年代，正是这一时期，美利坚合众国讴歌着人类历史上空前绝后的富足。50 年代后期至 60 年代初期的美国流行音乐很好地表现了美国年轻人享受生活、享受快乐的情景。爱情歌曲充满了多得过剩的幸福感，甚至连属于少男少女的那一方天地都能让人感受到美国社会的成功已浸透到社会的每个角落。

肯尼迪总统遇刺身亡后的美国，由于越南战争陷入泥潭，消除种族歧视等理想主义的副作用又导致出现混乱，疲弊之色开始显现。而且，汽车以及家电产业也由于以日本为代表的海外各国的工业发展而出现了空心化现象。到了 70 年代以后，美国经济开始从顶峰慢慢滑落。

以上是 20 世纪 20 年代以后 50 年间美国所走过的道路。而日本则是依靠 50 年代后期至 60 年代奇迹般的经济高速增长，在短期内确立了大众消费社会，开创了一条通往经济大国的道路。曾几何时，世界格局是由两大部分构成的，即先进国家和后进国家（后来的“发展中国家”）。日本奇迹般地进入了先进国家的行列。

纵观 20 世纪 90 年代以后以及进入 21 世纪以来世界经济的变化，可以发现世界格局正发生着激烈的变动。虽说冷战的结束是由东西方在大众消费社会达成度上的差距（东西德国的差距、西欧与东欧的差距）引发的，但在冷战之后，随着中国引入“社会主义市场经济”，大众消费社会模式便以“新兴国家的发展”这种方式，以迅猛之势开始在世界范围内展开。这成就了世界经济的“新现实”。

中国、印度、俄罗斯、巴西等国所发生的情况说明，由于市场经济的快速导入，大众消费社会正以令人目不暇接之势发展成形。与成熟的欧洲相比，越是新兴国家，其变化越是巨大。由于市场经济的导入，世界各国纷纷被大众消费社会模式的魅力所吸引，不以成熟的资本主义为前提而一举取得了经济腾飞。

日本要发挥世界消费经济的领导力

现在有很多日本人认为，日本将被不断发展的新兴国家所超越，日本的未来一片黯淡，日本将走向衰弱。果真如此吗？过去，在美国拥有超强经济实力的年代，日本依靠和美国保持良好的经济关系而取得了长足的发展。新兴国家的发展意味着消费经济的市场在世界范围内的扩大，意味着“分母”数量级的增大。当然，像韩国这样的竞争对手也会增加，也会出现一部分空心化现象，但是，只要有正确的战略方针，商机应该是无限的。

20世纪90年代，虽然美国经济得以复苏，但实际上，美国早已把大众消费社会“老大”的位子让给了日本。在经历了雷曼冲击之后，奥巴马总统看到新兴国家的发展，试图从日本手中夺回消费经济的龙头老大地位，对汽车行业的三大巨头通用、福特和克莱斯勒等撑腰打气、保驾护航。然而，美国经济依然持续低迷。欧洲的衰落也显而易见。

汽车（男性市场）和化妆品（女性市场）是大众消费社会的象征。日本的混合动力汽车世界领先，资生堂等日系化妆品牌在亚洲市场备受青睐，这些都显示了日本在消费经济领域发挥领导力的可能性。

说得具体一点，1997 年上市的丰田普锐斯在混合动力汽车市场上独领风骚，在全球市场上保持着极高的份额。资生堂也在走向全球市场中获得成功，特别是在中国市场持续高速增长，在市场份额的争夺上大有问鼎魁首之势。

可以预见，新兴国家今后将把美国从 1920 年到现在的 90 多年历史压缩在 30～50 年的时间里重走一遍。尽管发展的步伐快慢有别，但在今后的几十年里，人们为了满足个人与家庭在汽车、家电、化妆品、衣食住行等方面的消费追求而做出的努力必将带来一个充满活力的经济社会。毫无疑问，能够为这个庞大的市场提供“满意度最高的商品”的就是日本。

文化力量与组织能力是日本的力量源泉

日本经济的力量源泉是什么？曾几何时，人们认为日本经济的高速增长靠的是强大的出口竞争力，而这种出口竞争力的基础则在于能够制造出廉价而又不出故障的高性能机械产品的技术力量。时至今日，人们又开始把关注的目光投向时尚、动漫等被誉为“酷日本”的软实力上。

不管是曾经辉煌的技术力量还是享誉今日的软实力，贯穿其中的是日本文化的力量。特别是长期保持和平稳定的平安时代和江户时代的文化积淀，孕育出了今天日本的软实力。

在日本历史上，公元794年进行的平安迁都具有特别的意义。今天人们所说的“日本人的美意识”或者说“日本人的审美情趣”的原型，就是在“平安京”这个盆景般的容器里，由当时的特权贵族阶级精心培育而成的。

和歌是其中一个很好的例子。可以说，和歌构成了平安时代贵族生活的核心。今天日本人家喻户晓的《古今和歌集》《新古今和歌集》等敕选和歌集以及私人选编的《百人一首》等收录了当时贵族们吟咏的大量和歌。这些和歌的精髓代代相传，直至今日。平安贵族的和歌在之后的中世纪则以更加接近平民百姓的连歌的形式盛行一时。到了江户时代，松尾芭蕉又从连歌中提炼出了世界上最短的诗歌形式“俳句”，让和歌的审美意识获得了重生。时至今日，在日本全国乡村和城市的每一个角落仍然有众多的俳句爱好者在举办吟咏俳句的诗会。不仅如此，俳句还以其日语发音的罗马字标记“HAIKU”一词享誉欧美，在欧美的知识分子中备受赞赏。

在古代，日本作为一个国家的自我认知始于圣德太子执政时期。经历了大化改新之后，国家意识更是成为一种鲜明的共识。大化改新150年之后，日本成功地建造了第一个名副其实的城市。迄来1200多年，京都至今仍然保持着文化中心的地位。可以说，京都是日本文化绵延不断的象征。

镰仓时代以后，武士阶级掌握了实权。不少大名、将军对贵族文化顶礼膜拜。但是，与贵族文化不同，随时准备决一死战的武士文化的本质是禁欲。而且，在武士文化中，组织总是优先于个人。

战国时代是一个深受日本人喜爱的时代。日本战国时代诸侯大名的盛衰兴亡常常被比作企业的繁荣与衰落。到了长治久安的江户时代，德川幕府的国家管理能力日臻成熟。我们今天所看到的稳定的官僚制度的源头也许就是从长期稳定的幕府管理体制开始的。德川家康是江户时代的象征，在这一时代，组织的利益最大化成为体制的追求目标。

平安时代的象征性人物是藤原道长。在这一时代，对美的崇尚和自我实现成为平安贵族永无止境的追求。《源氏物语》是平安文化的结晶。

“享乐”与“禁欲”、“个人”与“集体”的两面性是日本文化史的双声道。战后，在全面否定“武力”的和平宪法下，“个人”的自我实现和对美的崇尚这一“平安贵族”模式得以复兴。虽然战后日本经济高速增长时期仍保留着战前价值观的组织优先型企业文化，但现在却已经是完全由战后出生者培育出来的“酷日本”之花全面盛开的时代了。日本文化向平安时代的回归造就了今日的“酷日本”文化，这种文化得到了全球消费社会的理解和欢迎，掀起了一股全球性的“酷日本”热潮。

我们必须认识到，平安时代的贵族文化是古今一脉相通的“消费”的最高级别。以平安贵族的美意识为原型的日本人的生活感觉，作为全世界最精致脱俗的生活方式，具有全球性的引导力量和品牌力量。

同时，长期以来形成的组织忠诚度今后仍然是维持大企业竞争力的软实力，必须予以保留和发扬。

日本人应当对本国文化有自信，应当为日本文化的坚韧不拔感到自豪。我们应当有这样的自我认识：引领世界消费经济的龙头老大是日本。

要注重与“BIRIV”五国的经济联系

在今后几十年里，世界将以新兴国家为中心发生重大的结构性变化。日本要继续发展，就必须要有“全球经营”的思维。当然，日美关系、日中关系、日韩关系等依然重要，泰国、台湾地区等传统亲日的国家和地区也要继续重视。但是，除了以上这些国家和地区之外，今后我们还必须与更多的国家建立更广泛的联系。这里，我要提一下需要特别重视的五个国家。

孟加拉国：预计到 2050 年，该国 GDP 将有可能达到现在的 100 倍以上。惊人的经济增长值得期待。而且，孟加拉国极其亲日，对日本的技术和文化信赖有加。

印度：到 2050 年，印度人口将毫无悬念地成为世界第一，GDP 也有可能会超过中国。而且，印度也非常亲日，是我们今后最应当重视的国家之一。

俄罗斯：冷战期间，苏联曾是一个与美国旗鼓相当、势均力敌的国家。作为前苏联的核心区域，俄罗斯潜能巨大。向市场经济的转型使俄罗斯得以迅速走向“大众消费社会”。普京重返总统之位后，必将发挥领导才能，提升国家实力。普京是一位具有卓越管理能力的政治家，同时也是喜爱柔道的亲日派。如果能在普京执政期间解决北方领土问题，大幅度改善日俄关系，将对日本极为有利。俄罗斯对建立“欧亚经济联盟”充满期望，而且对经济迅速发展的亚洲表现出极为重视的姿态，在这种情况下，日本也应当为构筑伙伴关系作出相应的努力。

印度尼西亚：印尼是一个人口众多的亚洲穆斯林国家。通过日本政府的 ODA 等援助项目的实施，印尼非常亲日，日本品牌的渗透度也得到了快速提高。大冢制药株式会社开发的电解质补充饮料宝矿力水特在印尼的销售额迟早会超过日本国内。在男士化妆品领域，日本品牌漫丹独占鳌头。

越南：亚洲的经济高速增长国家越南也非常亲日，完全可以成为日本的重要伙伴。越南凭借其优秀的劳动力，完全可以和日本建立深度合作关系，是对于"维持日本的制造能力"至关重要的国家。

以上列举的"BIRIV"五国是日本今后重要的近邻伙伴。加强与"BIRIV"五国的沟通联系，必将增强日本在"全球经营"方面的实力，这是日本面向 2050 年的发展基础。

"21 世纪模式大众消费社会"就是"日本化"

通过刚才的分析可以知道，对于今后的日本来说，"BIRIV"五国很可能成为与我们关系特别的近邻国家。如果我们加深与"BIRIV"各国的合作，在"世界消费经济"的扩大与发展中切实发挥引领作用，建立起一种超越美国模式的、重视环境、重视健康、以日本式生活方式为基准的"21 世纪大众消费社会"模式，那么日本在国际社会中的好评与声望必将得到极大的提升。

构筑大众消费社会模式的是美国，世界各国在 20 世纪进行的现代化就是美国化。从这个意义上说，21 世纪新兴国家的发展必须是“日本化”才行。

大众消费社会在世界范围内的进展同时也伴随着巨大的危机和威胁。可以毫不为过地说，日本最大的作用就是，依靠日本的环境技术来拯救地球，使地球免遭毁灭。通过“日本化”来管理地球环境，这种观念日显重要。

“21世纪是日本的世纪”——新兴国家需要“日本力量”

美国著名智库赫德森研究所的赫尔曼·卡恩（Herman Kahn，1922—1983）所长曾经有一句有名的预言：“21世纪将是日本的世纪。”这是对日本的国民素质、文化特性的高度赞誉，是对日本经济发展潜力的最高评价。

当今世界的一个潮流是，全世界的人都在追求富裕、便利的生活。“大众消费社会的全球化”便是摆在我们面前的新的现实。赫尔曼·卡恩的预言在这个新的现实中具有新的含义，即新兴国家在考虑具体的发展问题的时候，从各种意义上来说都需要“日本力量”。

不用说，在大众消费社会里，市场是由具体而有魅力的消费品构成的。便利的生活离不开基于细致周到、具有创意的商品开发。日本企业的创意创新深受市场的欢迎。比如说，尤妮佳株式会社在2012年度取得了公司成立以来的最高收益，这一业绩得益于公司的纸尿裤在印度尼西亚、泰国等地销量大增。在需求可以预见的新兴国家率先建立生产基地这一经营战略和迅速果断的决策取得了成效。这个事例启示我们，各种便利实用的日本商品今后在新兴国家将大有市场。

不仅是终端消费品，在机床、重型机械等产业机械领域，日本产品也深受好评，二手机械在新兴国家供不应求。

众所周知，生活基础设施是消费社会的基石。在这一方面，日本的技术也是新兴国家所必需的。以新干线为代表的铁路及信号系统、地铁工程等交通基础设施相关技术、自来水工程等也有望在世界范围内拓展市场。可以说，新兴国家富裕生活的基础构建寄希望于日本高质量的生活基础技术。

另一方面，消费的爆炸性增长势必导致资源、能源问题更加突出，人们往往对历来被看作资源小国的日本感到前途堪忧。实际上，日本在这方面的潜力也不容小觑，完全有望通过技术革新成功翻盘。

日本虽然国土狭小，但领海和排他性经济水域的总面积却位居世界第六。这些海域的海底埋藏着可燃冰等珍贵的资源。而且，日本的海洋资源中矿产资源也非常丰富。开发技术的进步完全有可能使日本成为一个资源超级大国。

还有，在一举解决消费社会瓶颈问题的锂电池等与能源相关的新技术方面，日本也是领先于世界。

总之，日本不仅仅能提供单个的商品，还拥有新兴国家想要的几乎所有东西。新兴国家需要"日本力量"。如果我们能够精准地经营、管理好"日本力量"，那么日本的未来将充满希望，21世纪必将如赫尔曼·卡恩所预言的那样成为日本的世纪。

要实现日本再生的蓝图，就必须对我们拥有的"日本力量"进行战略性的经营管理。那么，当我们的战略性经营管理取得成功之时，对于日本经济，我们又可以做出怎样的预测呢？在下一节里，我们将对这个问题作出一番模拟分析。

2

2050年模拟分析

低增长率预测多见之原因

关于日本经济的长期预测，目前我们可以看到好几个。这些预测无一例外都是低增长率预测。这是由于这些预测都过分看重人口减少的因素。例如，2007年的高盛报告对2050年世界各国的GDP作了预测，认为现在GDP规模世界第三的日本将跌至第八，从2006年至2050年，日本的实际GDP平均增长率为0.99％。

2007年，小峰隆夫从亚洲各国老龄化的角度进行了预测，认为从2005年至2050年日本的年平均GDP实际增长率为0.8％。（日本经济研究中心编：《老去的亚洲》）

2011年，亚洲开发银行发表的《亚洲2050》预测，到2050年，亚洲将占世界GDP的半壁江山。在这份预测报告里，日本的年平均GDP实际增长率为0.7％。

后面还会讲到，仅从人口因素来预测的话，上面的这些预测也是相当乐观的了。如果不采取任何对策，只是维持现状的话，那么从 2010 年到 2050 年，日本的实际 GDP 年平均增长率极有可能是负的。少子化和老龄化的重压已经严重到这般地步了。

让我们再来看一下老龄化、少子化的现状吧。首先，65 岁以上老龄人口占总人口的比例在 1950 年为 4.7%，而 2010 年已经上升到 23.0%。今后，高龄人口的比例将继续上升。根据国立社会保障和人口问题研究所（社人研）2012 年的推算，日本老龄人口占总人口的比例将在 2050 年达到 38.8%。

另一方面，少子化也愈演愈烈。生产年龄人口（15 岁～64 岁）在 1995 年已经达到顶峰，人口总数也从 2005 年开始走下坡路。我们已经进入了一个日本历史上从未经历过的人口减少的时期。按照社人研的推算，从 2010 年到 2050 年，日本人口将减少 3100 万。

的确，少子化和老龄化对经济增长率来说是一个重大的制约因素。但是，经济增长率不是仅仅由人口因素决定的。如果以生产年龄人口平均增长率为横坐标，实际 GDP 平均增长率为纵坐标，若曲线图呈现右上方走势，则可以说实际 GDP 随生产年龄人口增长而增长，反过来则是 GDP 随人口减少而减少。然而，人口与 GDP 的这种关系却是相当薄弱的。不同的国家在生产年龄人口增长相同的情况下，经济增长率却存在很大的差距。例如，虽然生产年龄人口平均增长率同为 1.3%，中国的经济增长率（2000 年—2010 年）为 10.5%，美国（1990 年—2000 年）为 3.4%，阿根廷（1980 年—1990 年）为 −1.5%。时代背景、经济发展阶段、教育制度、技术进步等都会导致经济增长率产生很大的差异。

如果把增长三要素比作蛋糕店的话

那么,除了人口之外,左右经济增长率的要素还有哪些呢?以经济学为基础的生产函数理论认为,劳动力、资本、劳动生产率这三大要素是经济增长的源泉。

设想一下蛋糕店做蛋糕来销售的情形吧。制作蛋糕的糕点师和销售蛋糕的店员是"劳动力"要素。由劳动人数与劳动时间构成的劳动投入量对增长率产生影响。增加糕点师人数或者增加每个糕点师的工作时间,就能够制作更多的蛋糕。

所谓"资本"就是生产设备。蛋糕店的店铺、制作蛋糕的烤箱、收款用的收银机、处理工作用的电脑等都是资本。增加设备投资就是增加资本投入。

增长的第三个源泉是劳动生产率。雇佣能干的糕点师,不但能增加糕点师制作蛋糕的平均数量,而且能使蛋糕做得更加好吃。购买最新式的厨房设备能提高操作效率,做出更多的蛋糕。无论是增加劳动力还是增加资本,都能使劳动生产率得到提高。劳动力和资本合起来称作全要素生产率,也称为 TFP(Total Factor Productivity)。TFP 增长率是重要的增长源泉。

要用劳动力、资本和 TFP 来计算 GDP,经常会用到柯布-道格拉斯生产函数。劳动力和资本各增加 1 倍,那么 GDP 也随之增加 1 倍,而再追加投入时,则边际效益递减。计算 GDP 增长率时有两个便利的系数,即劳动分配率(企业增加值中人工工资所占比重)

和资本分配率(企业增加值中企业利润所占比重)。在实际应用中,经常使用的是劳动分配率2/3,资本分配率1/3。

假设柯布-道格拉斯生产函数成立,那么我们可以通过以下公式来预测增长率:

GDP实际增长率 = 2/3 × 劳动投入量 + 1/3 × 资本 + TFP上升率

让我们根据以上思路来预测一下2050年的基本情况吧。预测的对象是GDP世界第一的美国以及估计今后仍将持续发展的金砖四国(巴西、俄罗斯、印度、中国),还有本书中特别关注的"BIRIV"五国(孟加拉、印度、俄罗斯、印度尼西亚、越南)。我们对各国从2010年到2050年的平均增长率进行了预测。

劳动投入量预测(参照生产年龄人口增长率)

劳动力要素预测就是推算就业人数乘以劳动者平均劳动时间得出的劳动投入量的增长情况。考虑到在长期预测中可以忽视失业以及劳动时间等因素,本书将生产年龄人口增长率等同于劳动投入量增长率。

所谓生产年龄人口,是指15岁至64岁的高生产力年龄段人口。虽然大学毕业生成为劳动力要到22岁左右,65岁以上还在工作的也大有人在,把生产年龄人口限定在15岁至64岁与现状不尽相符,但却是国际通行的定义。

我们把生产年龄人口中劳动力人口(有劳动意愿的人数)所占比率看作不变,不过对日本劳动力比率(劳动力人口/15岁以上人口)的变化加以考虑。虽然并不是所有的劳动力人口都能一直有工作,但把景气波动平均一下的话,就业率应该没有多大变化。尽管平均劳动时间也可能有变动,但在预测期间里我们把它当作一个不变量来看。

人口数据采用联合国 2010 年发表的预测值。日本的数据则采用国立社会保障和人口问题研究所的预测值。

日本的生产年龄人口年平均减少 1.2%,劳动投入量年平均减少 1.0%。中国与俄罗斯生产年龄人口也将减少。相反,孟加拉和印度的人口将会增加。日本的生产年龄人口将从 2010 年的 8000 万人减少到 2050 年的 5000 万人。形成鲜明对照的是,孟加拉的人口却将从 9500 万人大增至 1 亿 3000 万人。印度的人口也在持续增加,2025 年将超过中国,之后还将继续增长。

权益储备的预测(从资本装备率角度思考)

权益储备是指企业所持有设备的总量,把企业的设备投资进行累加之后计算得出。如果企业的设备投资盛行,那么权益储备就会上升;设备投资减少,权益储备也相应下降。

然而,企业设备投资的多少在很大程度上受到经济景气程度的左右。我们看一看泡沫经济破灭前后就能一目了然,景气好投资就增加,不景气投资就减少。因此,用每年度的设备投资来预测权益储备是比较困难的。

于是,笔者着眼于反映单个劳动者的权益储备数量的"资本装备率"。观察日本的资本装备率的数据,我们会发现在长期范围内具有上升的倾向。也就是说，比起就业人口数量的上升，权益储备数量的上升程度更高。这是因为就业者每年都“装备”了新设备。从长期来看，日本高速成长时期的权益储备的增长比就业人口数量的增长高出2%左右，20世纪80年代为1.5%，最近高出0.5%左右。

因此，在投入劳动工作的就业人口数量的增长率之上再累加上一定的增长比率就等于各国的预测数值。此处，有关应累加上的增长比率的幅度，我们认为在新兴国家应累加得偏高些，在先进国家应累加得偏低些。

生产率的预测(随着多样的原因而变动)

具备全生产要素的生产率随着新技术的开发而增加。在同一技术条件下，生产效率的提升或生产费用的节约都能带来生产率的增加。新兴国家仅通过使用那些早已开发出来的过时技术就能带来生产率的增长(称为后发利益)，除此之外，还能通过教育带来劳动人口质量的上升、信息技术投资的多少等各种各样的因素带来生产率的变动。然而，人口老龄化导致知识和技能的陈腐，被认为是生产率提升的负面因素。

根据预测，TFP高的有人口持续增长的印度、孟加拉国(TFP上升率为6%)，紧随其后的有中国和越南(4%)，接下去是巴西、俄罗斯、印度尼西亚(3%)。美国为0.1%，日本维持现状，有0.5%的上升率。本书将在后面列举该指标增长的成功案例。

表1 预测的前提和结果

	日本		美国	巴西	俄罗斯	印度	中国	孟加拉国	印度尼西亚	越南
	维持现状的	成功案例								
劳动投入量(%)	−1.0	0.1	0.4	0.2	−0.8	0.9	−0.5	0.8	0.4	0.1
资本装备率的增加—劳动投入量的增加	0.5	2.0	1.0	3.0	3.0	3.0	3.0	3.0	3.0	3.0
资本装备率(%)	−0.5	2.1	1.4	3.2	2.2	3.9	2.5	3.8	3.4	3.1
TFP(%)	0.5	1.5	1.0	3.0	3.0	6.0	4.0	6.0	3.0	4.0
实际GDP(%)	−0.3	2.3	1.7	4.1	3.2	7.9	4.5	7.8	6.8	5.1

注：全部为从2010年到2050年的平均增长率。

(1) 维持现状将导致−0.3%的增长

日本的实际GDP从2010年到2050年将会在年平均0.3%左右。有人觉得低增长也可以，还有人觉得GDP的降低与生活的幸福感并不相关，是两个不同的概念。然而我们认为，如果没有一定的增长，国家就没有光明的未来。因此，本书将在介绍各种政策建议之后模拟这些建议的结果。

(2) 成功的例子是GDP2.3%的实质性增长

如果要举成功的例子，那么就是保持GDP的实际增长率每年在2.3%左右。通过活用女性劳动力能带来增长0.5%，活用老年劳动力带来增长0.3%，活用外国人劳动力能带来增长0.3%，通过增加国内投资带来增长0.5%。TFP增长率的上升将会带来实质性GDP相同幅度的增长效果，增长1%左右。

(3) 有望活用女性劳动力

让我们来推算一下女性就业率(即女性就业人口数/15岁以上人口数)上升的情况下将会给GDP带来多大的影响。我们预想女性就业率将会和2010年男性就业率达到同样的数值。

如果举维持现状的例子,考虑女性就业率与2010年度相同。按照年龄排列每个年龄的女性就业率,由于生孩子、育儿期的存在,女性就业率呈逐步下降的M型。在日本国立社会保障和人口问题研究所2012年发表的人口预测中,包含了男女不同性别、不同年龄的人口数量预测。我们可以利用这一数据来计算2050年的女性就业人口数量。如果女性就业率与2010年的男性就业率相同并上升,那么女性就业人口应该会增加935万人。即使与2010年相比也应该增加178万人。这将会带来每年实质性GDP增长0.5%的效果。

(4) 仍然能够工作的老年人

退休年龄被定为64岁。虽然世界上还有平均寿命较短的国家(比如,2000年到2009年,俄罗斯的平均寿命约为65岁),但64岁作为国际标准比较适合。日本的男性平均寿命达到80岁,有很多还能继续工作的健康的老年人。2010年,日本65岁以上老人的就业率为20.5%。我们设想到2050年把该比例提升到40%,也就是约有四成的老年人继续工作。考虑寿命的延长、医疗技术的进步等因素,我们认为老年人能与年轻人同样工作。四成以上的老年人继续工作,这就意味着劳动人口的投入总量增加,比年轻人口全部参加工作的数量增加了四成左右。

与维持现状的例子相比,劳动人口将会增加754万人,这将会带来实质性GDP每年增长0.3%的效果。

老年人继续工作能减少支付养老金的对象数量。虽然在我们的模拟中不考虑这一点，但我们确实能期待此方案增加收入、增加消费。

(5) 通过增加在日本的外国人数量来补充人口的减少

让我们推算一下在日本的外国人劳动力给予经济增长的影响。2009年，居住在日本的外国人为230万人，这与日本6000万人的劳动人口相比尚且占比很小。然而，今后如果以3%的速度增加，直至2050年在日外国人将增加到735万人。在20世纪90年代，在日外国人人数的年平均增幅为4.6%，即使在遭遇了雷曼事件冲击的21世纪的最初10年，也有2.9%的增幅。所以，在日外国人在2050年增加到735万人并非高估，在人口中所占比例只有7.6%左右，与加拿大的18%、法国的10%相比仍属低位。

从劳动力供给数量增加的角度来看，外国人劳动力的增加能够获得实质性GDP每年平均增长0.3%的效果。

实际上，我们可以预想，日本除了要配备入国管理制度之外，还需要配备教育制度、社会保障制度等，这将会增加政府的支出。然而，通过引进年轻而优秀的人才，可以提高劳动生产率。随着全球化的进一步发展，面向外国人的商机也会越来越多，可以预见到社会需求的增加。

(6) 通过引进外资来实现日本国内投资的增加

我们虽然假设权益储备的增加将会随着劳动力投入数量的增加而多增加0.5%，但是我们其实可以假定权益储备将会随着劳动力投入数量的增加而多增加2%。

设备投资增幅扩大的原因是多种多样的，今后比较大的变化无非就是外资的流入。日本对内直接投资占 GDP 的比例在国际上都属于非常低的。日本的对外直接投资则以东南亚为主，一直都在积极进行，可是“内在的国际化”却止步不前。如果外资企业能不断增加，就很有可能带动权益储备的增加。

对国内投资的增加可以带来实质性 GDP 年平均增长 0.5%的效果。

(7) 全球化带来生产率的上升

如果维持现状，TFP 的增长为 0.5%。这是较低的估算值，因为日本已过了追赶先进国家的阶段，还经历着少子化和老龄化问题的困扰。

第二次世界大战之后，穷追猛赶先进国家的日本处于追赶的阶段，这时只要稍加模仿先进国家的技术就能提高生产率。然而到了 1990 年，追赶阶段告一段落，日本已然在技术层面上成为世界的引领者。没有了能模仿的东西，就必须自己开发技术、提高生产率，不能指望再达到高速成长期的生产率增长了。如果少子化和老龄化进一步恶化，那么极有可能由于劳动力不足的原因而导致生产率下降。

然而，日本也存在着提高 TFP 的要素，如活用女性劳动力、活用老年劳动力、活用外国人劳动力、从国外吸引外资等。我们在数值上进行了模拟，这些因素都可以提高 TFP。

特别是全球化的进一步扩大，将带来 TFP 的上升。根据庆应义塾大学木村福成教授和横滨国立大学清田耕造教授的研究论文，通过出口和对外投资进行全球化的企业，与不参与全球化的企业相比，TFP值高出2％。因此，那些迄今为止局限于国内的企业，如果开始面向世界，就极有可能带来TFP值的大幅上升。同时，对内投资趋向于活跃也很有可能为国内企业带来活力。

因此，在维持现状的情况下，可以在TFP增长率的0.5％之上增加1％。我们应该可以设想TFP值上升1.5％。

表2　模拟实验的结果

	贡献度(％)	增长率(％)
维持现状的情况	—	－0.3
活用女性劳动力	0.5	0.2
活用老年人	0.3	0.5
活用外国劳动力	0.3	0.8
国内投资的增幅	0.5	1.3
TFP的增长	1.0	2.3
合计	2.6	2.3

注：贡献度是指对各种增长率指标的贡献程度；增长率是指把各种对策从上至下接序累积之后形成的增长率。

(8) 2050年的状态：维持GDP排名世界第四

我们放眼2050年的GDP总量，第一位是印度，第二位是中国，2010年第一位的美国变为第三位。如果日本的经济增长能够复活，使人均GDP增长率达到3％，那么就能够确保世界第四的地位。

如果日本能积极地着手确保全球化的成果，日本人均GDP的增长将较为突出。

(9) 预测未来的重要性

虽然早已存在各种各样的预测方法，但本书所提及的预测是指描绘未来。我们认为这样的方法也是有必要的。

日本很久之前就开始描绘未来。以预测100年以后的未来而闻名全国的是《报知新闻》在1901年正月刊登的《二十一世纪的预言》一文。该文预言了汽车的普及、海外旅行潮的出现、东京和神户之间仅用2个半小时即可到达等，共23项。这些预言基本都实现了。没有实现的项目无非是与动物通话的语言翻译机以及对准台风发射炮弹使台风变为雨水这两项而已。近来，这样的预测似乎越来越少了。

在日本的高速成长期中出现过很多满载着梦想的预言。手塚治虫于20世纪50年代所描绘的“铁臂阿童木”是以21世纪为舞台的。阿童木的出生时间在2003年4月。也就是说，当时的人们觉得，21世纪的汽车能在天上飞，人类能制造出会说话、会飞的机器人“阿童木”。

也有对科学的发展敲响警钟的预测。乔治·奥威尔在1949年所著的《1984》一书中描写了一个被称为“老大哥”的领袖，用“电幕(telescreen)”24小时监控人们的行为，导致人们不敢说话。他描绘了一种让人倍感窒息的未来景象。

罗马俱乐部于1972年发表的报告《成长的极限》中也明确地主张，放任科学技术的疯长并不一定会带来光明的未来。

以第一次石油危机为界，人们对科学技术的朴素信仰消退了，取而代之的是“回归自然”。万国博览会的主题就象征着这一理念。1970年在大阪举行的万国博览会是举全国之力主办的大型活动，题目是“人类的进步和调和”。会场上陈列着的建筑物仿佛把我们带到了未来世界。然而，自那以后，“进步”这一主题变得不那么重要了。1990年在大阪举办的国际花卉和绿色博览会的主题是“自然与人类的共生”,2005年爱知万国博览会的主题是“自然的睿智”。科学技术与大自然之间究竟应该如何妥协共存成了人们关注的主题。

日本政府的“科学技术预测调查”也迎来了转机。这个调查预测的是30年后将有什么样的科学技术被推广普及,从1971年开始每5年实施一次。如本节开头所说,我们有着与“21世纪预言”相近的跃跃欲试的心情。2010年6月,第9次调查的结果出炉。该调查结果认为,“可以对话的机器人”“不会堵车且能自动开往目的地的汽车”“宇宙观光”等科学技术将会在2030年实现。

只不过,与过往相比,人们对科技预测的关心越来越淡薄。其中的原因包括,预测的未来太遥远,因而对企业来说无法带来直接的经济利益,且每次预测的未来都差不多。此外,像互联网或iPS细胞这样的没有被预测到的技术才真正带来了科技的突破,这也是预测不温不火的原因之一。

然而,预测未来的目的并不仅仅在于使企业经营受益。我们先把成本或技术等困难放在一边,预测未来所能带给人们的跃跃欲试的感觉才是其最为重要的作用。在对未来的预测中缺少了梦想是多么无趣。为我们的孩子们描述玫瑰色的未来不也是大人们的使命吗?

本书所做的模拟都是很有可能发生的,都是我们的梦想蓝图中的一个场景。

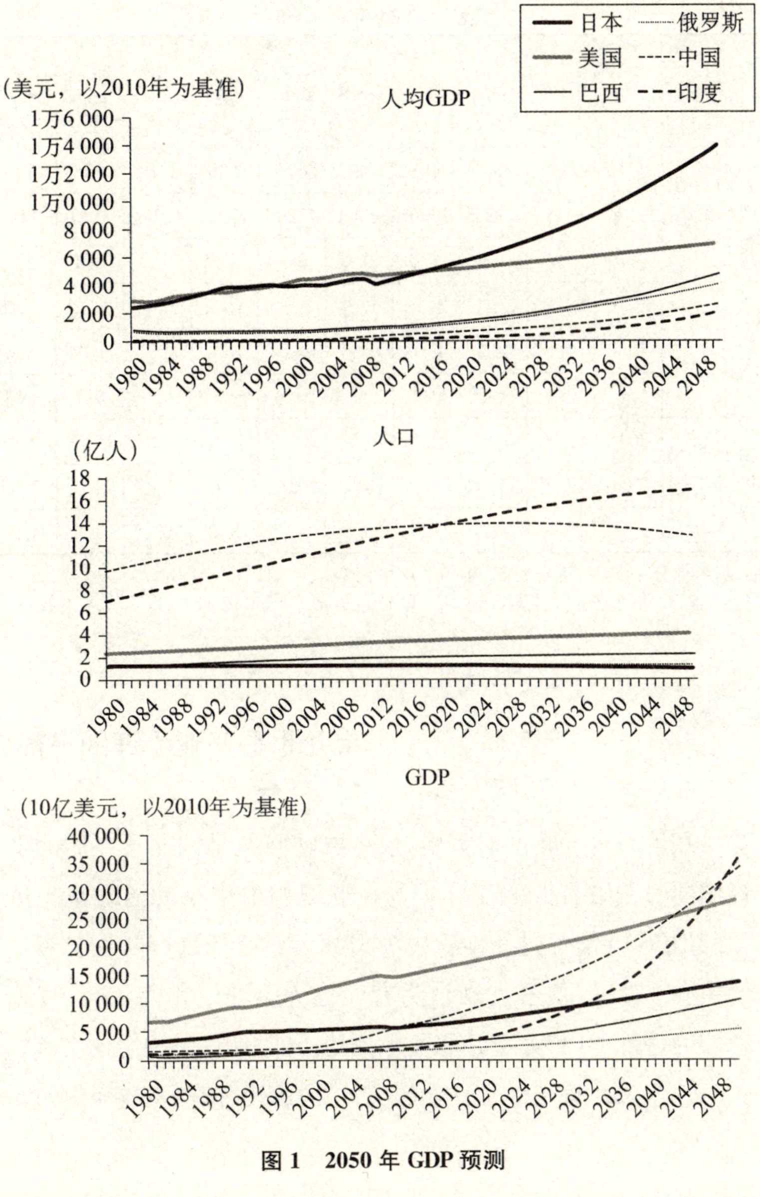

图 1　2050 年 GDP 预测

表3　2050年的GDP

		印度	中国	美国	日本	巴西	俄罗斯	印度尼西亚	孟加拉国	越南
人均GDP（2010年美元）	2010	1412	4383	46982	42932	10710	10351	1144	558	715
	2050	21142	26485	69950	140047	47609	40984	13173	4081	4491
	（%）	7.0	4.6	1.0	3.0	3.8	3.5	6.3	5.1	4.7
人口（亿人）	2010	12.25	13.41	3.10	1.28	1.95	1.43	2.40	1.49	0.88
	2050	16.92	12.96	4.03	0.97	2.23	1.26	2.93	1.94	1.04
	（%）	0.8	−0.1	0.7	−0.7	0.3	−0.3	0.5	0.7	0.4
GDP（2010年兆美元）	2010	1.73	5.88	14.58	5.50	2.09	1.48	0.27	0.08	0.06
	2050	35.77	34.31	28.20	13.60	10.61	5.17	3.87	0.79	0.47
	（%）	7.9	4.5	1.7	2.3	4.1	3.2	6.8	5.8	5.1

注：阴影部分是2010年至2050年的平均增长率。
出处：实际业绩的值是世界银行的“World Development Indicators”（世界发展指数）。

专栏

育儿也是职业生涯的一部分

在解决少子化的对策中，最主要的问题是如何让在职的女性们同时兼顾育儿和工作。为在职妈妈提供帮助能防止少子化的加剧，并能促进女性积极参与社会。这都是目前社会舆论的中心。然而，更多女性认为育儿更为重要。我们认为，真正重要的是促成“育儿也是职业生涯的一部分”这一理念的实现。

近年来，“孩子们是社区的宝贝”“社区一起养育孩子”等口号满天飞，人们希望能进一步增加父母、学校、社区的协同支援措施。其实，能积极参与学校和家庭的联系、区域家长会等活动的只能是全职妈妈。一旦缺少全职妈妈，家长会活动就无法进行，社区的各种各样的活动也无法举办。像志愿者一样能承担社区活动的人手极少，这就是全职妈妈存在的理由。

实际上，要成功举办以社区或学校为中心的活动，是需要高度的管理能力的，需要掌握社区和学校的情况以及每个家庭的特征，并在此之上做出最优的判断。如果身处企业之中，就是要让利润最大化成为共同的价值判断，在此之上进行协调。要协调价值观不同的家庭，就需要具备不亚于企业管理层的管理能力。

问题在于，在社区中培养出来的管理能力，在妈妈们育儿结束再度走上社会找工作时并不会被重视。让育儿结束的全职妈妈们再次就业，需要让社会承认这些在孩子学校或社区活动的经历，并把这些经历等同于职业经历等同看待。在北欧国家，有制度规定，育儿期也能作为职业经历被计算入工龄。这样一来，女性在育儿期一边育儿一边从事社区的各项活动，在育儿开始前和育儿结束后，女性都可以作为拥有高技能的人才参加工作。推行此项制度是不需要资金的。在增设保育园的同时，务必促成这一制度，允许把女性的育儿期计算入她们的工龄。这种计算工龄的方法，不应仅适用于女性，对于男性也同样应该适用。

2

第2章

复活和逆转的管理

本章思考如何驱动“日本力量”使日本经济复活。本章首先分析冷战后日本式管理的现状，然后就“少子化”“财政的再建”“发展战略的具体化”等亟待解决的问题进行讨论，进而说明日本需要证明存在价值、解决内政问题、开展世界市场营销才能复活。

1 冷战后的日本和管理的迷失

日本式管理为何失败?

展望日本经济社会的未来走向,我们不能否定形势极为严峻。那么,日本经济低迷的原因到底是什么?我们必须抽丝剥茧地探究原因。正如大家广泛讨论的"丢失的 10 年",我们有必要掌握 20 世纪 90 年代以来日本式管理和日本经济管理失败的原因。

第二次世界大战之后的日本经历了旧金山和平条约的缔结。冷战终结之后,日本在日美安保体制的基础之上,在美军核保护伞及冲绳等美军军事基地存在的背景之下,把安全保障和外交的基本职责全盘委托给了美国,其结果是使日本能够把军事和外交的相关成本压到最低,全力以赴地投入"经济和产业的复兴"之中。

直至 20 世纪 90 年为止,可以说正是由于上述原因,日本才能够把管理的目标集中到"维持日美同盟""产业振兴""通过收入分配的合理化政策来维持政治的安定"这些方面。这些目标十分明确,现基本达成,战后的日本逐渐成长为 GDP 位居世界第二的经济大国。

冷战终结之后，世界秩序这个国家运营的大前提发生了结构性的变化。日本应该如何应对这样的变化？忽左忽右、摇摆不定便是日本一直以来的实际状态。

20 世纪 90 年代初期，日本的实际状态可归结为“泡沫经济的破灭”和“货币战争的失败”。苏联解体的历史潮流导致美国一极独大。美国将其政策从以军事为中心调整至以经济为中心。这样一来，实现了经济成长的日本对于美国来说变成了竞争对手。“超级竞争”的时代到来了。“日美同盟”的实质发生了改变，日本的“产业振兴”变得不那么容易实现了。美国掌握了世界经济的主导权，通过 IT 革命、金融市场一体化等变革，使“日本式经营”的弱点在世界经济大环境的变革之中日益明显。在被称为“丢失的 10 年”的 20 世纪 90 年代，日本束手无策，持续性地后退了 10 年。

管理迷失的背景

2001 年 4 月至 2006 年 9 月的“小泉改革”时代，是冷战后日本最具活力的改革时期。冷战后的世界秩序越来越清晰地朝向“美国一枝独秀”发展，在此过程之中，为了和小布什政权的世界战略步调一致，日本在国际标准的名义之下实质性地实施了美国标准。这是为了再次构筑冷战后期日本国内安定的管理体系，我们收到了一定的效果。而在“经济全球运转”这一意识形态的改革上面，小泉政权在一定程度上实现了“改变日本”，这也是事实。

然而，紧接着雷曼兄弟公司引发全球金融海啸，小布什政权的世界战略遭遇挫折，“美国一枝独秀”的时代渐行渐远。小布什执政末期，无论在军事上还是在经济上，美国的威信都大打折扣。“小泉改革”所实施的与冷战时期有所不同的日美同盟关系走到了尽头，这是小泉执政之后的自民党末期政权的表现。

而在日本国内，由于“小泉改革”急迫地要求日本社会发生较为激进的变革，由此引发了诸多弊害，如自杀行为多有发生、一系列社会问题表象化。广泛依赖日本传统价值观的日本人普遍出现了人心惶惶的迹象。

然后，美国奥巴马政权诞生，这也让日本国民对日本民主党所实现的政权交替寄予厚望。日本民主党执政之后立即成立“国家战略室”，这说明他们早已了解问题的存在并且正在寻找解决的方法。但是，民主党新政权在管理国家方面毕竟经验匮乏。此后，国家陷入了极度混乱之中。于是，日本国民想着旧体制下的国家管理的成功，看着政权交替之后混乱不堪的国家，两者之间的反差使人越来越感到日本国家的管理相比从前拙劣了许多。

回顾冷战之后的二十多年，有一点是明确的，即日美关系的变迁左右了日本进步的步伐。也就是说，“丢失的 10 年”是日本没能成功应对日美关系的结构性变化而出现的蛰伏时期。成功构筑了新型日美关系的“小泉改革”的五年半是日美关系步调一致的五年半，日本几乎就快要找到自己的发展方向了。然而在此之后，在自民党政权走到尽头、民主党实现政权交替的六年里，美国小布什政权遭遇挫折，日本又失去了方向，在之后的奥巴马政权时仍未抓住再生的线索，于是日本越来越深地陷入迷失之中。

由于日本长期依赖安定的日美关系，因而国家管理较为成功，但也更难摆脱这种成功体验。更为本质性的问题是，世界的构造变化剧烈，而且不断地流动演变，要设定出相应的国家管理体制这并不容易。

冷战时期，日本制定的国家战略本质上依附于美国，随着美国的变化，日本本应相应地调整和构筑更高度复杂的国家管理体制，但实际上却连设定新的国家目标并就此协调达成一致意见都没能实现。

日本中央官厅作为日本最大的智囊机构，始终站在冷战的视角上无法走出来。他们缺乏横跨各领域的分析能力，无法实现冷战后日本国家战略的重新构筑。其结果就是，路线转换和新目标设定都陷入困难。这就是日本难以出成果、国家管理出现欠缺的原因。

2 必须解决的管理问题

确立国家战略构筑机制、制定发展战略

至此，笔者探讨了冷战后存在于日本经济社会之中的管理失效的背景。我们怀疑，是否因为长期以来依赖“日美同盟”，导致日本政府变成了难以独立思考自己国家战略的组织体系。

不能准确地进行环境分析，就无法正确地描绘未来的梦想。如果我们冷静观察，就会发现大众消费社会的全球化正在让新兴国家不断发展，这已成为世界经济的基调。日本可以在自己的战略构想之上描绘自己未来的成长轨迹。因此，强化国家环境的分析功能、建立国家战略的构筑功能并在此基础之上周密地制定日本未来的成长规划，这已成为我们必须最优先开展的工作。

在这里，我们将以提高外交的独立自主性为前提，以管理国家的发展战略为中心，进行探讨。

个别问题的对策

在我们描绘的发展轨迹上，瓶颈在哪里？

实际上，少子化问题已成为日本经济收缩的重要原因，也是未来经济负增长的原因和悲观论的根源。如果不解决这个问题，我们就无法描绘出未来光明的蓝图。因此，应对少子化问题的管理极为重要。

第二是财政的再建。这也不容易，需要在动态的经济发展中逐步解决。由于经济预测容易产生偏差，政策的制定必须谨慎而灵活，一边修正一边实施。在经济增长的轨迹中，财政的再建必须要看到切实的效果。

我们认为，根本性的瓶颈并非少子化和财政。对于这两大问题，我们可以举全国之力应对，逐步消解瓶颈。具体来说，如何获取世界经济的“发展果实”才是今后日本经济社会管理中的重要问题。以下，我们逐一开展具体和深入的探讨。

（1）少子化问题的解决

首先，需要下定决心来“全体社会共同努力抚养孩子”。不应该认为生育孩子、抚养孩子仅仅是女性的责任，必须让养育孩子是全社会的共同责任的看法逐步确立起来。

在明确认识到少子化将导致日本衰亡的基础之上，面向未来，思考我们该如何维持人口数量。

我们必须明白，在女性和男性一同参加工作的时代中，最为基本的条件是要“认真”地构建起一个能生育两个子女并把他们养育成人的社会环境。这就需要从企业、职场、经济援助等各方面来建立社会共同养育的体制构架。

另外，还必须探讨“增加孩子的制度性保障”。婚姻制度作为日本社会安定的基础，一贯被高度重视。然而，为了确保更多的孩子出生，应重建制度，从制度上肯定非婚生子女并非社会安定的不利因素。诸如此类的问题应该逐步开展探讨。

再有，我们应积极地接纳被日本文化所同化的外国人，增加归化人口数量的想法也应得到重视。如果不采取相应的政策来接纳新鲜血液，对人口减少的倾向踩刹车，就算我们考虑各种各样的政策组合，也很难取得稳定人口数量的效果。

总而言之，现如今的燃眉之急是设定一个阻止少子化继续恶化的管理目标。日本当局应痛下决心，在确保人口数量稳定方面取得实质性的成果。

(2) 制定切实的财政再建的行动方案

相比少子化问题，财政再建问题可能是“貌似有办法解决”的问题。但是，从紧迫性来看，这一问题的紧迫性在短期内可能超过少子化问题，更为紧迫。

财政再建的基本点是抑制不必要的支出、增加税收，这其中包括对于特别会计账户的细目进行重新研究、消费税增税的时机、如何引导企业释放活力以取得企业增税的效果等，需要推出一连串的税制改革措施。这是需要结合公众的智慧、进行深思熟虑的事。

再者，为了解决持续扩大的财政赤字问题，不也需要好主意吗？例如发行无息国债、使用民间资金等措施。

换言之，要找到这个问题的解决方案，就需要“能出结果”的管理理念和正式研讨。有关这个问题，我们将在第八章从专业的角度进行论述。

应对新兴国家市场扩大的有效战略

怎样做才能使日本经济增长呢？我们认为应该确立以下两大战略：(1)提升日本的价值，把日本作为一个品牌经营，从中获取利益；(2)应对不断扩大的需求，也就是我们要最大限度地应对以新兴国家为主的需求。

如果我们能实实在在地立足于这两大基本战略，以市场营销为基础进行管理，就很有可能出成果。

3

具体的行动方案

确立与新世界经济共存的外交立场

通过冷战时期的成功经验以及“小泉改革”，很多日本国民认识到了日美同盟的重要性。然而，新兴国家的经济成长以及消费社会在全世界的扩展都让我们认识到“美国一枝独秀”的时代已经过去了。日本不得不确立多元化的外交战略和世界战略。作为智囊的日本中央官厅必须面对和应对这一难题。

在外交领域，日本并不占优势。然而，世界环境发生了巨大的变化，这是现在与冷战时期最大的不同。日本应仔细观察世界消费经济的发展，尽可能和更多的国家缔结良好关系，这是日本不可或缺的管理战略。

明确日本存在的理由

（1）在地球可持续发展中贡献技术

在开展多元化外交和世界性战略的基础之上，日本要面向世界展现日本存在的理由。第一个理由不就是日本能为地球的可持续发展贡献自己的技术吗？这是世界各国向消费型社会转变的过程中必然会出现的需求，这也是实现地球可持续发展的最为切实的问题。日本应该在超越以往的高度之上，战略性地为全球环境问题、能源问题贡献自己的技术力量。我们也可称之为“环境技术外交”。日本应该战略性地实施管理。例如，日本可以利用福岛核泄漏事故的善后处理，变不利为有利，作为日本展示高水平处理核泄漏事故的实例，向世界展示日本所具备的技术优势。

换言之，这就是以环境为核心的日本品牌价值的确立。我们要力争确立这样的价值观，即只有让激增的世界消费和维持地球环境这一对矛盾并存，日本品牌的商品才大有可为。新兴国家的消费激增同时也成了地球的危机。大众消费型社会在全世界的扩展，如果换一个角度看，犹如打开了潘多拉的盒子，处理不好就很有可能带来全人类灭亡的危机。环境意识与美意识相通。日本人的美意识、日本文化的美意识应该成为拯救地球环境的原动力。美意识和技术能力的结合应该成为日本环境技术的特殊品质。

(2) 在生活方式上的贡献

20 世纪中，特别是 20 世纪 20 年代，美国成为大众消费社会之后，美国的生活方式开始支配全世界。第二次世界大战后的日本也是如此。一言概之，那时的日本具有强烈的美国化的倾向。但是到了 20 世纪 80 年代以后，日本的消费成熟度提高了，日本的消费方式开始展现出日本文化的独特气质，形成了超越美国式消费的消费方式，并开始对世界产生影响。最起码，在“食”和“衣”的领域里表现显著。以食为例，日本的“食”不仅在于味道，更在于其“健康”的价值，这样的价值观正在向全世界渗透。

在大众消费型社会的全球化之中，我们觉得日本式的生活方式开始具有越来越大的影响力。这正是一个重要的“日本存在的理由”，我们应该将其作为世界战略的有力武器进行管理。

另外一个好主意是让世界上的富裕阶层都感到日本的生活方式具有最高的价值。有关“食”，无论大米、茶叶、酒水，日本都拥有世界最高品质的产品。在时尚领域，原宿、涩谷早已是世界性的时尚中心（只不过以休闲服饰为主，日本还比较少见像法国或意大利那样以上流社会为目标客户的服饰品牌）。汽车等产品也是如此，日本没有类似法拉利那样的主要接受定制生产的品牌。因此，在商业领域中，面向世界上的富裕人群进行日本品牌产品的开发，这对日本企业来说是一个重大的课题。

(3) 展现日本文化的魅力

日本人的环境意识的本质是具有爱好清洁的习惯，从某种意义上说，这也是日本文化的表现。以衣、食、住为起点的多样的生活方式也理所当然地与日本人的美意识密切相关。向全世界渗透、在全世界范围内被接纳的各种各样的日本技术或日本生活方式，其根源其实在于日本文化的魅力。确立“日本品牌”或“日系品牌”的管理一旦成功，那么日本存在的理由就当然是毋庸置疑的。

解决内政问题

(1) 通过“多子化”政策从根本上解决少子化问题

如前所述，多个内政问题之中，根本性的问题是少子化问题。这一问题导致日本国内市场缩小、GDP 下降、土地价格下跌、年金体系面临崩溃等，是使日本国力衰落的重要原因之一。因此，我们必须认真而切实地推进以“多子化”为目标的管理。

稳定人口数量是极其重要的国家战略。中国通过采取独生子女政策抑制了强大的人口爆发，现在也正在争取人口政策的转换。而日本的管理目标应该是以两个孩子的家庭或三个孩子的家庭为一般性的家庭构成，并以此为目的构建适合这样的家庭的社会环境，这是非常必要的。那么，具体需要实施怎样的政策，就必须进行彻底的讨论，集合大家的智慧。要面向全日本的企业来，讨论什么样的措施是可行的。我们应以改善女性员工的育儿环境为主题，不断收集好主意和富有成效的建议。

在此基础之上，如果仍然难以阻止少子化的加剧，那么就应同时采取能减少少子化所带来的负面影响的政策方针，吸引外国人或活用女性和老年人，这些措施都极为重要。

关于外国人在日本的居住，我们应力争展现以“日本居住”为理想的居住价值。作为能吃到安全而美味的食物、能享受到高度文化的国家，日本自然能从世界范围内吸引人们来居住。特别应该考虑针对富裕人群，满足他们对于第二住所的需求等，用这样的措施来增加居住者的数量。顺便说一下，现在针对富裕人群在日本的归化或吸引他们到日本居住的政策几乎没有。据 2011 年 11 月 22 日《朝日新闻朝刊》的报道，政府当局正在考虑消费税的增税，计划提高针对富裕人群的所得税。据说，日本政府税制调查会正在考虑把所得税的最高税率从 40％进一步提高。有关遗产继承税，打算从50%提高至55%，所得税计税基础中的扣除金额同时被降低。日本的所得税最高税率在全世界范围内排在第四的高位，而最高的瑞典没有遗产继承税。日本的遗产继承税是全世界最高的。现在在日本的富裕阶层中，脱离日本的人数急剧增加。富裕阶层脱离日本意味着日本没有未来。可以肯定地说，如果政策上不进行大转变，将会出现大麻烦。政府当局并没有争取到更多的富裕阶层，这样下去，人口减少是毫无疑问的。

少子化导致日本国内市场缩小，为了减少这一负面影响，争取海外观光客的增加也是一个办法。尽管日本的居住条件较为困难，但在日本观光旅游很享受。我们要争取把这样的价值观确立下来，向世界号召“一年来一次日本吧”。为了达到这一目的，需要改善旅游设施，如努力争取磁浮新干线的早期完工，特别是从京都出发和到达的列车，即便是支线列车也应坚决建设。京都是日本文化的大本营，若能与东京在一小时之内直达，那么日本作为旅游目的地的价值将会大幅度提升。

其次，为了解决少子化所带来的劳动力减少的问题，政府需要战略性地确保劳动人口的数量，同时还应该把长寿社会作为目标，改善老年人的健康，讨论使他们成为劳动力的政策方针。

(2) 能有效利用企业活力的财政再建行动方案

与“少子化”一样，财政的再建是极其重要的内政课题。关键是不能仅计算数字，而要面对现实，推出一个能产生企业活力的财政再建的行动方案，这是需要政府发挥创造力的地方。如果想不出多种办法，又不进行改革或变革，财政的再建是极为困难的。

从本质上看，没有经济增长就不会有财政的再建。如今，日本国民最为期待和要求的是能为日本带来强有力的经济增长的行动方案，在“大众消费型社会的全球化”这一世界经济的新现实中，把日本的潜力最大限度地引导出来。让日本企业的潜能充分地发挥出来并且从中争取税收的增加，这才是根本的做法。前文已介绍过日本的综合商社从海外投资中获得大额红利，取得了商业模式上的成功。今后，对于大多数日本企业来说，这样的机会应该不少。如果日本能掌握大众消费型社会的领导地位，那么从“日本品牌”价值之中将会产生利润等附加价值。

（3）重新建立起能出成果的组织

冷战时期，日本的组织获得了成功，这使日本晋升为世界排名第二的经济大国，却反而导致日本的组织陶醉于过去的成功所带来的利益之中，大部分变为充满惰性和运营停滞的组织。我们必须认识到过去的遗产早已消耗殆尽，面对新型世界经济的现实，为使日本的组织能产生出新利润，必须进行重组和重构。在“大众消费社会的全球化”的潮流的基础之上，为使日本组织的成长战略取得成功，有必要制定日本未来的新目标，将所有组织进行重组和重构。

开展世界市场营销

（1）做新兴国家的咨询顾问

在销售物品的想法上，日本与韩国相比不得不甘拜下风。

新兴国家需要的所有物品日本都有，但我们不应该贩卖物品，而应成为新兴国家的咨询顾问，让他们来购买我们的各种知识技能。正因为我们拥有日益进化的新型消费、生活方式、与此配套的基础设施、工作机械、产业机械等所有知识和技能，新兴国家可以一边与日本商谈，一边安心地发展自己的消费社会。日本通过成为新兴国家的咨询顾问，可以从世界各国收取咨询顾问费。日本的官民共同合作，通过活用已退休人员的知识技能，构建组织，创造出新的生存价值，在全日本建立一种能产生活力的机制。

（2）重要国家的市场分析

我们需要对以孟加拉国、印度、俄罗斯、印度尼西亚和越南这五国为首的市场进行彻底的分析，能使我们开发出最适合这个市场的商品。从日本企业的技术来看，只要能把握住市场需求，就能以很高的市场占有率向这些市场投入商品。当然，这原本应该是每个企业各自开展的经营活动。但是，世界上的新兴国家市场不断变化，每个独立的企业各自分头行动会存在较大的局限性。对于重要国家，需要建立官民协同一体的、能积蓄市场分析技能的组织。如前所述，可与咨询顾问业务互补，以“日本股份公司”的形式，先将信息在一定程度上集中之后，再提供给各家企业开展经营。如果能建立这样一个组织体制，它一定能成为日本企业面对重要国家市场的强有力的支持。

最后还要提及传播的媒体。

审视近期的韩流热潮，不得不说我们再次被传播媒体的强大影响力震撼了，甚至连曾经有过的“歧视感”也仿佛成了旧事。日本的经济泡沫破灭后，经历了20年以上丧失自信的时期。在此期间，由于媒体的存在，日本人越来越没有自信了。近几年来，少子化、财政的崩溃、年金的崩溃等对于未来的不安让日本悲观论甚嚣尘上。

对于媒体应传播的信息，有必要从根本上来纠正。难道只报道负面的新闻，给全部日本国民套上丧失自信的枷锁就是媒体应有的作用吗？

现在，媒体需要大转变。媒体必须把日本人从丧失自信的枷锁之下解救出来。日本应该在大众消费社会的全球化的过程中，以领袖的身份执行新的任务。媒体应明确告知日本国民我们有光明的未来、巨大的商业机会，如果能有效地利用这些机会，日本财政的再建也将不是难事。

另外，政策实施之后，少子化的负面影响将有所缓和。在新兴国家的发展过程中，日本被期待扮演更加重要的角色。今后，日本的生活方式很有可能在世界各国得到推广。日本人健康长寿是得益于能享受充实人生的社会环境。结果是，人们从世界各国来到日本居住，和日本人一起享受安全美味的食物，想要获得健康和长寿的富裕阶层的人们更有可能聚居于日本。今后，媒体要将这样的信息传播给日本人，负担起增加人们自信的责任。

媒体挺身而出，规划日本的新目标，制造出正面而积极的机会，驱动各式各样的组织向新的目标奋进，新的日本也将由此诞生。传媒将强有力地驱动日本重新构建21世纪的“日本力量”。

专栏

日本的女性们啊，胸怀大志吧！

每次参加国外的产业遗产保存研究会，都有令笔者感受颇深的事情。参加日本国内的会议或访问活动的基本上都是中老年男性，而在国外，参加者们大约有4成是女性。女性们活跃在会议的核心组织部门，担任讨论组长（英语中大多不会使用“chairman”而多数使用“chairperson”）、引导或同声传译等岗位。她们的年龄跨度很大，职业也是多种多样，从公务员到退休人员到学生、研究生都有。

第14次国际产业遗产保存会议（2009年德国）参观行程出发之前的说明会。再次灵活使用已停工的工厂，让它变成旅游中心。（笔者拍摄，2009年9月1日）

毫无疑问，不仅在产业遗产研究或产业观光的领域，官、产、民、学等所有领域如今都不可缺少女性的力量和女性人才。日本与世界各国相比，除了福利、护理等特殊产业之外，在中央或地方的政府部门或企业中工作的女性数量很少。特别是从事技术性工作的女性，其比例更是低得惊人。“专业主妇”这个词也是日本所特有的。在描述不同年龄的女性就业比率的M型曲线中，中间的低谷部分，在世界各发达国家里日本是最低的。进一步而言，这样深陷的M型曲线难道不恰恰显示了日本经济成长和发展的瓶颈吗？

2011年，世界人口超过了70亿。按照联合国的推算，预计全球人口将于2050年达到93亿，2100年将达到101亿。照此趋势反向推算的话，日本的人口将在2050年到来之前少于1亿。不久之后，政治、经济、社会的领导人里和劳动人口里，女性和外国人的力量将变得不可或缺。1989年，日本的总计特殊出生率（仅1.57%）低于1966年的1.58%时，被称为“1.57冲击”。从那时起，就明明白白地预示着今天少子老龄社会的到来。我们必须找到这个问题的应对之法。然而，无论政治、经济或是社会的各个层面，应对之法都显得姗姗来迟。

如今，高中升学率已达到97%～98%，大学（包括大专）的升学率超过了50%，其中一半是女性。绝不会因为女性变强而导致男性变弱。全世界都视男女共同参与为理所当然，日本却还在用“历女”（通晓历史的女性）、“佛女”（通晓佛教的女性）、

“铁子”(通晓铁路火车的女性)、“山女孩”(登山的女性)、“相机女”(通晓摄影的女性)等语言来利用女性搞促销。直面现实，我们为何不能更有效地运用女性的智慧、创造力和能力呢？例如，目前有一个极引人注目的产业观光项目，即京浜工业区“工厂夜景游览”项目，这个项目是由女性摄影爱好者们策划的。被保存下来的小樽运河的背后也有着女性领导者的功劳。

1960 年，面对私立大学文学部女性学生比例的增加，日本国内竟然出现了“女大学生亡校论”“亡国论”的刺耳声音。有些人用这样的语言讽刺那些胸无大志的女大学生。然而，2002 年，在日本的女子大学中，迹见学园女子大学首先开设了“管理学部”，京都女子大学则于 2011 年开设了“法学部”。为了让街巷之中的流言蜚语自己消亡，不可缺少女性自身的努力。必须在大学和社区之中积极发掘女性的潜力，不仅要培养女性人才，更要支援女性育儿。我们要尽快打破偏见，摒弃旧时代对女性的伤害，这样才能带来明天的日本。

3

第3章

环境技术是“新增长”的钥匙

本章在概括性地描述可持续发展、可再生能源以及生物的多样性的含义之后证明了日本环境技术的高度。我们认为，考虑地球环境的“绿色经济”能提高经济的增长。具体来说，我们支持政府提出的通过实现“环境未来都市”等“新增长战略”来实现经济增长，同时期待着智慧经济的实现。本章还阐述了在实现可持续发展的社会的过程中需要国民的理解。

1 什么是可持续发展的社会?

环境问题的解决和经济的活性化

全球变暖以及生物多样性的减少等使我们面临的地球环境问题越来越严重。其中主要的原因是人类经济活动向全球扩展，超过了地球所能承受的环境容量。一直以来，联合国不断地讨论地球环境问题的应对策略，然而各国因为利益对立和冲突，很难达成一致意见。

解决环境问题的一大办法当属开发和普及具有创新性的环境技术。日本的环境技术从全世界看都属于高水平的。如果能将这些技术向世界各国推广和普及，那么日本不仅能够在地球环境问题上贡献力量，还能直接为日本经济带来活力。

“可持续发展”一词是 1987 年时任挪威首相、WCED 主席的布伦特兰(Brundtland)及其委员会在他们发表的报告书中提出的理念。“可持续发展”的定义是既能满足当代需要又不损及子孙后代的发展。1992 年在巴西里约热内卢召开的联合国地球环境峰会上，这一理念被采用，之后它成为了联合国的目标。

那么，实现可持续发展的条件是什么？经济学家赫尔曼·E.达利(Herman E. Daly)提出了满足可持续发展的三个原则。下面，我们就来回顾一下这三个原则，尝试探讨现今世界的经济是否属于可持续发展。

第一个原则是可再生能源的消费速度应低于该可再生能源的再生速度。例如，如今的捕鱼业已超过了鱼类每年的再生速度，鱼类面临灭绝。还有，全世界热带雨林的采伐量已超过了热带雨林的再生量，导致热带雨林持续减少。

第二个原则是枯竭性资源的消费速度应低于可再生资源的开发速度。具有代表性的枯竭性资源有石油、天然气、煤炭等化石燃料资源，而能够替代它们的可再生资源有太阳光、风力、地热、生物能源等可再生能源。但是，因为这些可再生能源的开发数量比化石燃料资源的消费数量少很多，所以化石燃料正在面临枯竭。

第三个原则是污染物质的排放速度应低于自然界吸收这些污染物质的速度。现在，全世界温室气体的排放量已超过了自然界可吸收的数量，导致大气层中温室气体的浓度不断上升。

从以上几点我们可以清楚地看到，我们的世界现在不是可持续发展的。这样不可持续地发展下去将会发生什么呢？许多科学家担忧的是，一旦在某个时间点超过了地球环境的临界点，地球可能会发生不可逆转的变化，给人类带来极大的灾难。

另外，可持续发展的概念中还包含着人口之间的公平。也就是说，全世界存在着极大的经济落差。有近 10 亿人无法获得干净的水源，近 14 亿人生活在没有电的地方。联合国 2000 年制定的千禧年发展目标是力争在 2015 年之前将全世界的贫困人口减少一半。

1992 年地球环境峰会的 20 年之后，即 2012 年 6 月，巴西里约热内卢再次召开了联合国可持续发展会议(简称“里约＋20”)。各国首脑参加了会议，会议总结了这些年采取的措施，为今后实现可持续发展，各国在政治上确认一致。

2 可再生能源和生物多样性

解决全球变暖问题

现在的全球环境问题中，最令人担心的就是全球变暖和生物多样性问题。为了缓解全球变暖，我们需要抑制大气中温室气体浓度的上升，因此我们必须大幅度地削减温室气体的排放、增加森林等能够吸收温室气体的吸收源的面积。这些措施，没有世界各国的共同努力是无法达到的。

2008 年召开的 G8 日本洞爷湖峰会上，先进国家之间达成了协议，承诺到 2050 年为止，世界温室气体的排放量减少一半，其中先进国家削减 80％。但是，有些新兴国家提出了反对意见。这之后，在后京都议定书的框架设定中，国际交涉又遭遇了极大的困难。直至现在，只有欧盟参加了从 2013 年延长至今的《京都议定书》，其他国家则自主性地各自设立减排目标，各自努力。其中，日本设定的目标是 2020 年之前把温室气体的排放量削减 25％，2050 年之前把温室气体的排放量削减 80％。

日本实现这一目标的前提是增设核发电设施，而且日本政府早已制定了增设计划。核发电能减少人类对化石燃料(特别是中东的石油)的过度依赖，而且由于核发电过程中不产生二氧化碳，也是解决全球变暖问题的有效对策。但是，2011 年东日本大地震导致福岛第一核电站发生泄漏事故，这次事故充分暴露了核电设施的脆弱性。在这之后，日本多数核电设施都处于停工状态。此外，核电事故带来的赔偿金额也是巨大的。综合考虑这些费用，我们就不得不对核发电的经济性产生质疑。

作为替代核发电的能源来源，可再生能源有着较大的希望。但是，现在它们只占全日本发电总量的 1％不到。目前政府的目标是，到 2020 年为止将可再生能源发电量扩大到全日本发电总量的 10％。而在可再生能源的使用上领先世界的欧洲国家，其目标也只是把发电量占比提高到 20％～30％。也就是说，要让可再生能源完全替代核电并且将其作为主要的能源来源进行利用，这还是一件遥遥无期的事情。再者，由于可再生能源受到天气条件的影响和制约，发电量时常变动，所以如何在供电网络中顺利地输电也是亟待解决的问题(本书后续章节将讨论智能化电网的整备)。

由于化石能源，特别是石油和天然气将会在不远的将来枯竭，因此应该增加储量较为丰富的煤炭的使用。但是，燃烧煤炭会在大气污染和二氧化碳的排放上给环境带来极大的负面影响。再者，与石油相类似的油页岩和油砂也将在今后被开发利用，但油砂的开采也伴随着大规模的自然破坏。另外，在日本近海存在着大量的可燃冰资源，也备受瞩目，可是从深海开采资源的成本是相当巨大的。

从传统经济学的角度来看，化石能源枯竭之后，能源价格将高涨。如果人们节约使用能源，就能使可替代的新型能源的开发在经济核算上趋于盈亏平衡，最终带来能源持续供给的效果。然而，如果大量使用上述提及的油页岩或油砂，就会导致二氧化碳的排放持续增加，而这绝非可持续的发展。而且，由于能源价格高涨，将给许多人带来经济上、生活上的困难，带给社会巨大的影响。

综上所述，立即停止核电所带来的社会影响是巨大的。现有的核电站在其使用期限内，在彻底进行安全管理的前提下，让它们持续运转发电才是更为现实的选择。在此期间，如果不增设新的核电站，现有核电站的使用年限是40年，那么到本世纪中叶核发电将完全终结。那么，到那时我们该如何确保日本的能源供给呢？

高水平的日本环境技术

在替代核电方面，技术能起到极重大的作用。为了扩大可再生能源的利用、提高电力消费的效率，智能化电网、智能化城市、智能化社区、新型电力供给体系等不可或缺。另外，从使用化石燃料的发电站内回收分离二氧化碳，然后把这些二氧化碳固定在地下，这些技术的普及也是不可或缺的。

为解决这些问题，我们对日本环境技术的期待日益增加。日本曾经历过两次石油危机。日本企业以此为契机积极地开展研发活动，使得日本制造业的省能源技术达到了世界最高水平。

另外，日本各种机器的省能源性能也是世界最高水平的。例如，太阳能发电的单位面积发电量（晶圆的转换效率）上，三洋电机制造的产品（结晶硅系列）达到了世界最高水平——23%；在汽车产业中，丰田汽车的混合动力车“AQUA”，其每升汽油的行驶距离达到了 35.4 公里，油耗水平达到了世界最高。除此之外，若论汽车中的二次电池、碳素纤维、逆浸透膜等材料和部件的制作水平，日本企业也具有超强的竞争力，世界市场的占有份额也很高。与上述相类似的日本环境技术的高水平案例实在不胜枚举。

然而，日本企业如此之高的环境技术水平却不一定能带来相应的回报。原因在于，日本尚未对新的环境技术提供制度保障。太阳能发电就是典型的例子。日本企业的技术开发水平很高，且国家对使用太阳能发电设立了补助金制度，加速了太阳能发电的普及，使日本成了世界上设置太阳能发电设备最多的国家。然而，这项补助金制度很快便废止了。

相比之下，印度和西班牙等国为了让太阳能发电快速普及，国家出台了专门的制度，用稳定的高价收购太阳能发电设备发的电，此举迅速地推动了太阳能发电设备的普及。目前，这两个国家的设备安装数量已经超过了日本。随后，尽管日本重启了补助金制度，决定与德国一样以固定价格来购买太阳能发电设备发的电，但现状是，日本的可再生能源的普及率占全部电力的 1%以下，与欧洲相比落后了许多。

如果当初日本政府没有中断推动可再生能源普及的政策，使日本达到与欧洲相同的普及程度，那么 2011 年大地震后发生的供电不足问题应该已经在相当大的程度上缓解了。

被高度关注的生物多样性问题

与气候变化问题一样，全世界普遍忧虑的另一个问题是生物多样性的危机。导致这个问题的直接原因有人类对自然的开发活动改变了自然环境使野生动物的栖息地减少、滥捕滥杀生物资源、外来物种的进入、气候变化和环境污染。然而，最根本的原因在于人类经济活动在全球扩大，已经超过了地球的环境容量。但是，大多数政府或企业仍然没有重视生物多样性的价值。有关这一点，《生物多样性和生态系服务的经济学（TEEB）》这一报告详细而明确地阐述了生物多样性和经济发展之间的关系。

这个报告里有这样的内容，例如，2030 年之前，如果人类能把破坏森林的速度降低一半，那么每年全世界的温室气体排放量将减少 15～27 亿吨（换算为 CO_2），并将会由此减少由全球变暖所造成的经济损失约 3.7 兆美元。另外，生物多样性还带来了新的商业机会。近些年来，自然食品和自然饮料在全球市场的销售额每年增加约 50 亿美元，2007 年时的市场规模就已达到 460 亿美元。带有生态食品标签的鱼类加工产品，其全球市场规模从 2008 年到 2009 年间增长了 50%。更有甚者，生态旅游在旅游行业中的增长最为迅速，全世界年增长幅度达到了 20%左右。

另外，世界渔业资源由于滥捕滥杀不断减少。造成这个问题的原因主要是对捕鱼的限制不够。另外，还有些国家通过支付补助金的方式鼓励商业捕鱼船的制造和竞争性捕鱼。结果是，这样乱捕滥杀的捕鱼业与实行可持续发展的捕鱼业相比，全世界从渔业资源中获得的收益每年减少约500亿美元。

再者，蜜蜂等昆虫能帮助果实授粉。全世界通过昆虫授粉所产生的经济价值，预计达到1530亿欧元之多，这个数字是2005年全世界农业生产总值的9.5%。

可以看出，人类从生物多样性中获得的恩惠和经济价值是极其巨大的。为了持续地获得这样的好处，政府和企业就必须转变思路，在经营活动中充分考虑生物多样性的价值。特别是最近，企业的作用被全世界关注，我们强烈地期待企业能自主地开展保护生物多样性的活动。

3

绿色经济将提高经济增长

自然资本是有限的

经济学历来认为，通过物理性的（经济的）资本和人力资本便可实现物质的生产活动，这其中并未考虑自然资本。这是因为经济学假设大自然是无穷无尽的，不具有稀少性，因此自然资本没有被列入经济学的研究对象之中。但是，基于这样的假设，人类不断地进行经济活动的结果是海洋捕鱼量不断减少、热带雨林减少、世界各地的珍稀物种面临灭绝的危机。换言之，我们过度地利用自然资源，让大自然在数量上不断减少，在质量上不断恶化，从而剥夺了我们子孙后代利用大自然的机会。这样的社会不是可持续发展的社会。

在上述背景之下，“里约＋20”会议讨论了“绿色经济”的理念。联合国环境计划署（UNEP）于 2011 年发布的《绿色经济报告书》显示，绿色经济的含义包括以下内容：(1)低碳型经济，高效地利用资源，实现全社会的经济合理；(2)显著减少对环境的风险，显著降低生态学上的稀少性，改善人类福利和社会平等；(3)削减二氧化碳排放和环境污染，提高能源和资源的使用效率，避免生态多样性和生态系服务的损失，通过官民投资推进经济增长。

这份报告书提到，把全球 GDP 的 2％投入绿色经济(G2 的方案)和把这笔投资仍然投入目前的项目(BAU2 的方案)，比较这两种方案的 GDP 增长率，虽然投资绿色经济的前 5 年的 GDP 增长率比较低，但是从 5 年之后的长期来看，GDP 增长率越来越高(见图 2)。这是由于短期内过度捕捞的渔业和过度捕猎的林业的增长率下降，发生失业，但是自然资本逐渐恢复，5 年之后，可利用的资源总量逐步恢复和增加，使 GDP 实现了长期增长。换言之，与其一成不变地沿着现在的轨迹发展下去，不如转向绿色经济，那就能在 5 年后提高经济增长并且增加就业。

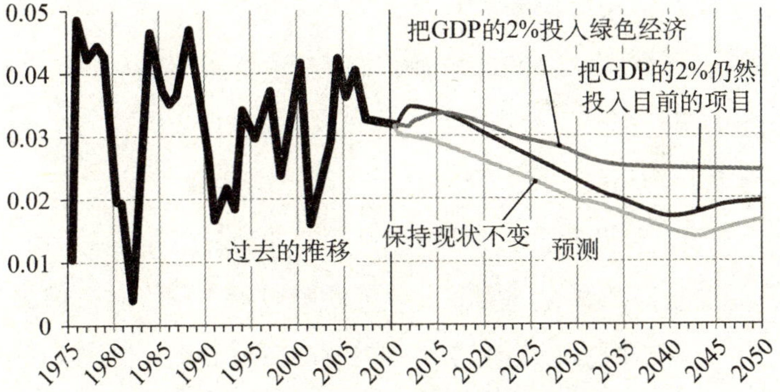

出处：联合国环境计划署(UNEP)《绿色经济报告书》(2011)

图 2　绿色经济和 GDP 增长率

该报告书根据上述预测结果和研究结论将“褐色经济”和“绿

色经济”进行了归纳(见表4)。

表4 褐色经济与绿色经济

	褐色经济	绿色经济
经济增长	在一定程度上实现了GDP的增长和贫困的减少,但不可持续。	抑制自然资本的增加,缓和资源的枯竭,能实现与现在同等程度的经济增长。
环境和自然资本	到2100年,大气中二氧化碳的浓度将达到1000ppm,大气温度上升约4摄氏度,全球人类活动地区达到地球容量的2倍以上。	2050年前,渔业等资源恢复,二氧化碳浓度控制在450ppm,大气温度上升2摄氏度后保持稳定。

出处:笔者参考联合国环境计划署(UNEP)的《绿色经济报告书》编制。

此报告书认为,为了实现这样的绿色经济,我们应该承认自然资本的价值,同时把经济活动的环境影响(即经济的外部性)内部化,以下事项应积极实施。

第一,评估自然资源的价值,并将其统合入GDP之中。这就是所谓的绿色经济。联合国已于2008年提出了《环境、经济统合账户体系》的方案。

第二,必须废止那些鼓励破坏自然的补助金制度。

第三,把自然资源价值编入市场激励政策之中。具体来说,政府应积极推进绿色采购、环境税、排放权交易、补助金、生态系服务支付(PES)、保护森林(REDD+)等措施。

第四,为使上述措施被社会接纳而进行启蒙、教育和人才培养等活动。

第五,先进国家向发展中国家提供技术和资金的支援。

在向绿色经济转换的过程中，短期内一定伴随着“阵痛”。因为与过去的技术相比，绿色经济所需技术的初期投资的金额巨大。而且，一旦停止向那些破坏自然的经济活动发放补助金，那么依赖补助金生存的产业或贫困阶层必然会抵抗。短期内，渔业、林业等产业的失业率也会增加。经济形势一旦变得严峻，许多人更愿意优先顾及短期利益而忽略长期利益。由于未来的不确定性，这些短期行为乍一看好像更为合理。但是，如果人们都这样做的话，无论在环境上还是在经济上，整个人类就都无法获得理想的成果。为避免这种情况发生，务必需要各国政府发挥政治上的领导力，通过国际合作来推广绿色经济政策。

那么，日本在这样的全球绿色经济中应该扮演怎样的角色呢？

日本在绿色经济中的角色

迄今为止，日本企业为了解决严重的产业公害问题，不断开发和使用先进的环境技术。经过不懈的努力，日本企业掌握了以低成本生产具有高通用性产品的技术能力。结果，日本企业的环境技术达到了全球范围的最高水准。

通过全世界推广普及这些高水平的环境技术，引导世界向绿色经济转换，日本能为构筑可持续发展的社会做出极大的贡献。由此也可期待日本能够摆脱从20世纪90年代开始的经济停滞。

为了实现这些目标，日本有必要首先在国内争取向绿色经济转换。

在日本政府2010年公布的“新增长战略”中，以绿色创新为主的环境能源大国战略的目标是创造价值50兆日元的与环境相关的新市场、创造140万人的环境领域的工作岗位、充分利用日本的环境技术使世界温室气体的削减量达到13亿吨（相当于日本全国的排放量）以上。为达成这些目标，日本政府将采取下列措施：

（1）通过综合性的一揽子政策，实现日本成为世界第一的环境、能源大国的目标（至2020年温室气体排放量在1990年的标准上削减25%）。

（2）通过绿色创新实现经济增长，为支持增长推进资源的保障（普及可再生能源，加快创新型技术的开发。实现日本特色的智能电网和高效供电体系，唤起相关机器设备的需求，作为成长产业推进产业振兴）。

（3）通过提高舒适性和生活品质来进行生活方式的变革（通过普及绿色住宅、热泵等实现住宅和办公用房的零排放）。

（4）推动重建、维修老旧房屋，实现“绿色都市”。

（5）实现从偏远乡村城镇开始的经济社会构造的变革模式（通过使用公共交通、使用可再生能源、构筑智能化电网、资源循环、住宅零排放等形成绿色节能社会。以环境、健康、旅游为支柱产业进行集中投资）。

另外，在上述“新增长战略”中，我们特别关注其中21个国家战略项目中的“环境未来都市”战略。这一战略是指创出一个在环境或超高龄化对策方面的成功事例，通过将该事例向国内外推广普及来扩大需求和雇佣。具体来说，就是以“建设布满绿色、让人们能感受到人间温暖的城镇”为目标，充分考虑商业性和波及效果，组合搭配智能电网、可再生资源、新一代汽车等，推进城市能源的管理体系，重组各产业并培育相关产业。另外，严格筛选城市或地区，战略性地集中投入那些促进可再生能源的综合使用和扩大的政策，还要计划为此配合出台新的法律。

另外，经济产业省也在支援智能社区的实证模型项目。这里，智能社区的定义是“通过使用信息通信技术（ICT），在最大限度地配备可再生能源的同时实现能源供需的最优化和高效使用的新一代能源基础设施的城市”。这一领域涉及能源、汽车、家电、信息通信、住宅、流通等方面的投资，预计将达到每年 100～500 兆日元的市场规模。

横滨市、丰田市、京都府关西文化学术研究都市和北九州市被选为 2010 年 4 月实证项目的实施区域。在这个实证项目中，面向低碳社会的行动方案如下：首先，在住宅和办公楼安装太阳能和风力发电设备，而供电的主体是核电和火力发电。2020 年前后再度扩大可再生能源，开始推动活用 ICT 的智能城市的构建。2030 年前后在住宅和楼宇安装家庭能源管理系统（Home Energy Management System）或楼宇能源管理系统（Building Energy Management System），实现住宅和楼宇能源的自给自足。大部分汽车改为电动汽车。

按照这一蓝图，若使用国家资金开展智能社区的建设，那么无论是技术的成熟度还是人们的认知度都将大幅提升。但是，当我们正式开始普及智能社区的时候，还需要构筑一种能使大规模的投资切实地在市场中发挥作用的社会机制。国家支付补助金或电力企业以固定价格收购电力的制度应该能起到重要的作用。

国家为普及新环保技术而支付补助金（或以节能积分等形

式)，短期来看或将增加财政支出，导致财政恶化。然而，长期看来，大规模生产能使产品价格的下降，加速技术的普及。同时，由于耗电量降低，电费节约使国民的可支配收入增加，从而促进经济增长，最终带来增加雇佣的效果。

在电力公司以固定价格收购可再生能源的制度中，国家向安装可再生能源设备的用户支付补助金，这笔钱可由使用电力的所有消费者共同分担。这样，电费上涨反过来又能促使人们节约用电。

目前，智能社区的建设在其他国家中也相当盛行。今后，新兴国家一旦也开始制定智能社区的建设计划，那么相关的基础设施整备项目的招投标将会引来各国企业的激烈竞争。日本企业如果能在此类大型项目中中标，那么将直接为日本经济带来活力。

为了能参与未来将持续增长的世界各国的智能社区建设这一巨大的市场之中，日本企业还需要接受许多挑战。其中之一就是，日本企业在每个单独的技术上的竞争力很强，而一旦体系化之后就较为弱势了。在有关智能社区建设的国际市场中，需要体系化的竞争优势，这是能中标此类项目的决定性因素。因此，企业不能单干，必须与其他企业共同努力。做不到这一点，日本企业就无法进入正在成长的新兴国家的市场，就会错失经济利益。

还有，日本技术要在世界范围内普及，还需要进行国际标准化，这是极其重要的。无论多么出色的技术，若不能被国际标准(规格)采纳，那么就难以普及。特别是智能社区，各种机器设备之间的通信方式若不统一，就无法连接。因此，国际标准化是企业战略的重中之重。其实，国际电器标准会议(IEC)这一专门制定电器设备的国际规格的团体已经开始召集日本和其他国家，着手进行有关智能电网标准的制定。日本企业很有必要在这些标准制定的过程中承担积极的角色。

实现“可持续发展的社会”的条件

在 2012 年召开的联合国可持续开发会议（“里约＋20”）上，世界各国同意面向“可持续发展的社会”的建设，以实现绿色经济为目标。日本企业的环境技术属于世界最高水平，具有很大潜力，能够在建设“可持续发展的社会”中贡献力量，并很有可能因此而促使自 20 世纪 90 年代起就处于停滞状态的经济再度恢复活力。

然而，日本要力争实现“可持续发展的社会”，仅仅凭借技术力量是不够的。特别是，日本的国家财政陷入重重危机，需要投入的巨额资金从何而来？这就需要社会各界形成一致的意见。如果让日本的这一代人负担“可持续发展的社会”的建设资金，那么就需要向这一代人增税或提高电费。这会带来短期的阵痛，但长期来看，通过投资绿色经济和向世界推广日本技术将能带来经济增长和雇佣扩大。如果不采取增税或提高电费的措施，那就需要通过发行国债来调集资金，那么日本政府就可能出现财政崩溃。

进一步说，让日本实现“可持续发展的社会”需要国民的理解。国民是政治上的主权人（有权人），同时也是消费者。国民作为国家的主人，需要理解国家在转向可持续发展社会的过程中，虽然短期内将面临负担的增加，但长期来看，对于子孙后代而言，无论是经济上还是环境上都将获益匪浅，因此要支持相关的政策。另一方面，我们也期待日本国民能通过可持续发展的消费行为，在改变政府和企业的行为方面贡献力量。

专栏

日本企业在保护生物多样性方面同样领先世界

自古以来，日本就孕育着与大自然共生存的文化。因此，日本企业在自然保护方面的意识较高，许多企业都在积极实施保护当地自然的活动。那么，日本企业在保护生物多样性方面是否比欧美企业更领先呢？为回答这个问题，我们根据销售收入排入世界500强的企业的企业的社会责任(CSR)报告(2010年)等资料，对下列事项展开了研究。

(1) 企业的主营业务中，是否有保护生物多样性的方针、计划和实际业绩？

(2) 除主营业务以外，在社会贡献方面，是否有保护生物多样性的实际业绩？

(3) 是否实施CSR采购(即在选择供应商时是否考虑该供应商在社会、环境方面的举措)？

(4) 是否实施过考虑保护生物多样性的可持续发展的资源采购？

调查结果如图3所示。

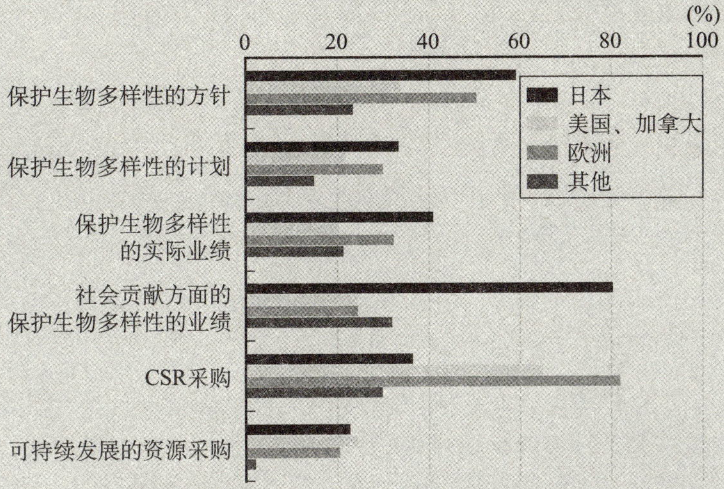

注：占发行 CSR 报告的企业总数的比例

图 3　企业保护生物多样性和 CSR 采购的举措

在保护生物多样性的方针、计划、实际业绩三方面，日本企业的占比都比欧美企业高。另外，特别引人注目的是，在社会贡献方面来保护生物多样性的企业数量特别多。我们认为，这是由于日本自古以来就形成的与大自然共存的文化影响了企业。

可以说，日本企业不仅在环境技术上处于世界高水平，在保护生物多样性方面也同样如此。我们期待日本企业把这些举措作为 CSR 的先进事例向世界进行广泛的宣传。

然而，日本企业也存在着需要改善的地方。在考虑生物多样性的可持续发展的资源采购方面，日本企业采取的举措与欧美企业相比并无太大差异，但在 CSR 采购方面，日本企业与欧美企业相比大幅落后。我们认为,这是日本对其他国家的人权问题的关注程度较低而造成的。

日本企业如果不能对 CSR 采购采取更为积极的举措,将会引发很大的问题。举例来说,设立在发展中国家的工厂因雇用童工被曝光,就有可能引发消费者的抵制运动。最近,社会责任投资(SRI)也开始重视供应链上的 CSR 管理,很有可能把日本企业从投资索引中除名。若日本企业在社会方面或环境问题上管理不善,就会被客户炒鱿鱼。

大多数企业都需要供应商提供原材料和零部件。一家供应商向多家企业供货的情况较为普遍。当各家企业都要求供应商承担企业的社会责任时,一家供应商就会收到来自多家客户提出的重复要求,这样效率很低。因此在欧美国家,拥有相同供应商的关联企业会针对同一个供应商实施共同监督并分享信息。但是在日本几乎找不到采取这些举措的企业。日本企业的供应链与亚洲的关系较为紧密。因此,如何推进以亚洲为中心的供应链管理,为可持续发展贡献力量,是日本企业今后需要解决的重要问题。

第4章

优化日本式经营，建立强有力的组织

本章从企业管理的角度思考日本再生的行动方案。有关日本式经营，本章的要点在于重新审视小集团管理的优点。在企业组织方面，本章建议培养“自立而强大的个人”。在经营战略方面，本章主张从综合型向专门特定型转变，向小生意的宽松协作型转变。日本再生的关键在于活用女性经营者、管理者。超级明星的涌现是良性循环的关键。

1

重建日本式经营和“个产学官”协作

重新审视小集团管理的优势

本小节聚焦于重建日本式经营。“日本式经营”一词来自于詹姆斯·克里斯蒂安·阿贝格伦(James Christian Abegglen)所著的《日本的经营》(1958年)一书。这本书描绘了日本制造业大型企业的正式员工,描述了日本企业的“三种神器”(终身雇佣、年功序列、企业内工会)。随后,经济合作与发展组织(OECD)在1973年发表的《对日劳动报告书》中又再次提到了“三种神器”,于是“日本式经营”很快在全世界广为流传。

然而,日本的雇佣惯例所具有的特征其实更为多样,包括15项内容(菊野一雄:《摸索时代的人类和劳动》,中央经济社1991年),其中一些已经被大幅更改,有些仍然保持不变(见表5)。

表 5　日本式经营的特征

日本式经营的特征	变化
① 在 4 月统一录用新毕业生	更多的录用自由
② 持续的现场教育和训练（OJT）	应重视“人才在取得成绩之前的长期过程”
③ 通过广泛的内部调动培养企业内部的专家	培养其他公司也能通用的、在全球范围内拥有竞争力的人才
④ 所谓“终身雇佣”（严格的说法是长期持续雇用）	实际上，由于调动、转岗、自愿下岗（所谓裁员）等原因，许多人中止劳动关系。
⑤ 年功序列型（根据学历和工作年限）的升职、升迁	变化巨大
⑥ 年功序列型薪酬	变化巨大
⑦ 奖金、一次性酬金	变化巨大
⑧ 全面评价人格	重建日本式的人事考核
⑨ 组织性加班引申为义务加班、带回家加班、接待宴请、绿色接待（陪打高尔夫球）	逐渐减少
⑩ 以青壮年男性为主的组织	重建为综合考虑工作、生活、平衡（WLB）的组织
⑪ 企业内部提供多种多样的员工福利	在不景气时不得不大幅度削减宿舍、疗养院等企业内部的福利
⑫ 信息共享	早会、公司内报告、本田技研的自由交流（超越职位、年龄、性别的自由发言）

续 表

日本式经营的特征	变化
⑬ 书面请示制度或“事前交涉的集团共议制度”	德鲁克主张的意见一致管理(Management By Consensus)
⑭ 日本式小集团管理	质量控制集团、零缺陷集团、老员工带新员工、老员工对新员工的现场培训制度等
⑮ 企业内工会	劳资双方通过协议参加日本式经营或劳资互相协调的劳资关系。

新毕业学生的统一录用很有可能从 4 月变为 10 月，对于有工作经验的人才的录用和全年录用等也增加了很多。企业不再培养适合多岗位的人才，而是大幅度地转向培养特定岗位的专业人才。有关企业内部的福利，正如美国企业在 1929 年大恐慌之后大幅削减福利一样，日本企业在泡沫经济破灭之后也不得不大幅削减福利。

有关终身雇佣制，计划“原则上今后也保持不变”的企业竟达到了 64.1%(根据 2009 年劳动政策和研修机构的调查)，然而事实上，由于调动、转岗、自愿下岗等原因，很多人离职。由此可见，日本的雇佣并非“终身雇佣”，而是“半身雇佣”(正如津田真徵所说，“虽然原则上继续维持长期雇佣，其实是离职人数众多的半身雇佣”)。

希望今后能保持不变的是教育训练制度。从人才的长期培养的角度来看，持续的教育训练是理想的。企业应该摒弃“短期成果主义”，重视“长期培养直到人才出成果为止”。

可以重建终身雇佣制、年功序列型的升职和升迁制度、年功序列型的薪酬制度。例如，横河电机公司等企业在坚持终身雇佣的同时废除年功序列制，导入了成果主义的薪酬制度（大谷昭宏等：《现今更应终身雇佣——横河电机的挑战》，朝日电视事业局出版，2000 年）。

有助于激发活力的雇佣制度都应该积极地重新构建，如表 8 中的本田技研的自由交流方式和德鲁克所主张的意见一致方式。我们应重建一种能突出优点的日本式决策制度（集团共议制度）。

虽然日本修订了《男女雇佣均等法》，但男女雇佣仍然存在着差异，这个问题与重建工作和生活的平衡有关。

或者，我们应该推进“上司之外的第三方指导制度”或员工支援计划（EAP）等制度，这些制度暗藏着日本式的小集团管理的优势。上述方法不仅提升了员工的道德观念或工作积极性，而且对解决近年来的员工的精神健康问题也很有帮助（菊野一雄：《透明之病的风险管理——成果主义下精神健康的应对（以第三方指导制和 EPA 为中心）》，载《迹见学园女子大学管理学部纪要第 12 号》，2011 年 10 月）。

企业或学校都应履行自身责任

为了更现实而具体地激发日本式雇佣制度的活力，我们有必要探讨一下日本式雇佣制度的主体，即“当事人”的问题。为重建日本式雇佣惯例、激活日本的雇佣制度，企业、个人和政府等当事人应各自努力，互相协调，争取根本性的改变。

经济泡沫破灭以后，日本积极地从美国导入新自由主义，推进规章制度的改革。这其中的一个关键词是“自身责任”。然而，虽说是“自身责任”，却不能把所有问题都推给“自身责任”。雇佣问题的当事人不仅有劳动者，还有企业部门、学校、政府、自治区等，都必须负有同样的“自身责任”。

具体来说，对于劳动者来说，他们的“自身责任”应该是，为了更高效地工作，在磨练技术的同时寻找适合自己的工作。

企业不能让“下岗”等同于“解雇”，企业重组最根本的意义在于把人、物、钱、信息等要素重新构建，这才是企业的“自身责任”。更为具体地说，企业应先关注伦理道德或工作生活的平衡，然后再追求持续的盈利增长，同时积极地重建日本式雇佣惯例中能激发雇佣活力的部分，这才是企业应该实现的“自身责任”。

学校则应该在努力填补学校教育和企业实务之间的缝隙方面体现“自身责任”。例如，积极而灵活地采用教育的二元体系来实现“自身责任”，即采用德国的职业学校理论教育，加上企业实务教育、美国的商业实习、美国的社区大学等方法。

弹性安全(flexicurity)

政府或自治区应该以公正地导入“弹性安全”为目标，构建“蹦床(Trampoline)型安全网络”，这是其“自身责任”。日本的雇佣对策经费占GDP的比例在先进国家中仅次于英国，因此日本应尽快改善这一点。

应通过实施“弹性安全”来实现“自身责任”。“弹性安全”是丹麦人创造出的合成语，是将“弹性灵活性(flexibility)”和“安全性(security)”合并之后的词语。在丹麦，“弹性安全”包括“在解雇上放松管制”“扩充失业补助金”“强化职业训练”这一整套措施。解雇容易了，再就业的机会也就更多了。而且，失业期间获得的补偿高达失业前薪金的 60%～90%，最长补偿 4 年。除此之外，在领取失业补助金期内，丹麦政府强制要求失业者必须接受职业训练。为了增加雇佣的匹配程度，丹麦从放松管制和构建安全网络的两个方面提供了政策性保障。

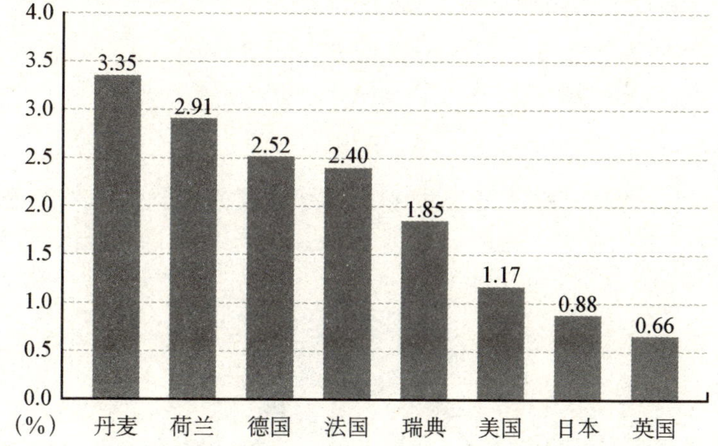

图 4　雇佣对策经费占 GDP 的比例(2009 年)

确保收入、安心和机会

再者，在全球竞争日益激烈、经济构造、社会构造高速变化的时代，我们需要建立一套能与之对应的雇佣体系，要成为能满足以下两个必要条件的社会。

一是当人们遭遇解雇或企业破产，不得不离开现在的岗位时，仍然能获得一定的收入，能感到安心。

二是人们有机会学到足以应对变化的知识和能力。

如果能够建立起能同时满足上述两个条件的社会，那就能让失业者不因失业而绝望，而是有机会再次获得学习新知识、新技能的机会。构建这样的社会才是政府或自治区实现“自身责任”的方式。

若劳动者被公司解雇了，他就可以通过各种各样的再就业培训，转去合适的岗位。换言之，这种制度就像一台蹦床，能让失业者再次回到职场(如前述的丹麦的弹性安全模式)。个人、企业、学校、政府或自治区应各自承担“自身责任”，同心协力地构建满足以上两个必要条件的社会。

当这种社会构建起来之时，日本将毫无疑问地成为G20的中枢国家。

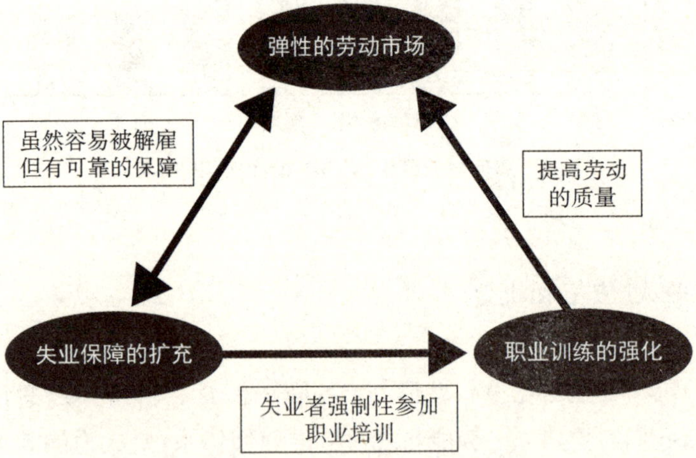

出处：笔者参考EU:“Employment in Europe 2006”作图。

图5　丹麦的弹性安全模式

2

能出成果的组织的再构建

什么是强大的组织？

深入到日本企业之中的欧美流派的管理技能主张在全球化的今天纠正日本式经营的偏颇，在否定日本人的气质或传统的合理性的基础上开始改革日本企业。但是，被认为是丑陋的、愚钝的和不合理的人性被清洗之后，日本国内迄今为止还残留着违和感和不适应的感觉，这一点不可否认。

我们指出，在“日本风土”中富含的“日常性”和“羁绊”中培养起来的“自立自强的个人”必然会成为建立强大组织的力量，是能够建成强大的组织的。

强大的组织能强化组织中的优点，减少组织中的缺点，日常性地实践、发挥“管理的力量”。

人为什么要进入一个组织？从组织行为学的角度来说，组织能够完成个人所无法完成的事项，能够把人、物、财集中起来发挥巨大的力量。为了发挥力量，我们应确定目标。一旦达成目标，我们就确认了自己的存在价值、增加了自信，并从他人处获得承认，从而获取社会身份和地位，还能减轻孤立不安的感觉，让内心变得强大，扩大社交圈。

要建立一个强大的组织，需要竞争和切磋。需要建立“三个臭皮匠能顶一个诸葛亮”的决策系统，通过制度来提高个人的积极性，还需要通过明确的组织战略让组织文化渗透到组织之中。

由于体制僵化而使人缺乏紧张感、集团行动制约个人行动所产生的弊端、阶层过多或岗位过于细分所使沟通交流不畅等都会弱化组织。

归根结底，组织中的每个人都变得强大才是最为重要的。

表6　组织的优点和缺点

组织的优点	组织的缺点
① 沟通能力(实现信息、知识的交换和共有)	① 随着组织规模增大而不再关注个人的想法。
② 团队合作的能力(能得到超过人数总和的成果)	② 随着层级越来越多，职能越来越细分，沟通变得越来越困难。
③ 高品质的决策能力(集结客观的、创造性的、多面的观点)	③ 决策的速度变慢，有必要花时间听取大多数人的意见。
④ 确保持续性(企业持续经营的前提)	④ 责任担当变得暧昧，谁也没有担当意识。
⑤ 成员之间相互启发	⑤ 团体行动制约个人行动，形成团体统一的意见。
⑥ 实现质量、成果的扩大和深化(具有完成互补的能力、能提升创造力和扩大规模)	⑥ 目标的统一化导致思想的均一化，酿成马马虎虎的工作方式。

续　表

组织的优点	组织的缺点
⑦ 团队之间的竞争和切磋	⑦ 变得越来越不正式，一旦组织的目标统一不起来，就会成为派系滋生的温床。
⑧ 组织的代理功能	⑧ 由于老员工的增加而导致组织内的一成不变和活力丧失。
⑨ 承认个人的价值和存在感（提升激励水平）	⑨ 由于僵硬、固定和均质的产生，从而表现出缺乏紧张感。
⑩ 提高组织文化（明确组织的理念和品牌力）	

企业和人一样

“强大的个人”不仅具有知识、能力、技能、经验、见识、胆识，还拥有“主体性与当事人的意识”。可以说，使人具有“自己的团队、自己的公司、自己的社区”这样的强烈的个人意识、高效的行动力，使人更加紧密地参与组织，从“简单的公式”成为“强大的个人”，从而形成一个能出成果的“组织再构建”过程，这才是管理的最高境界。

在笔者的中学时代，在体育课上踢过足球、打过橄榄球和篮球。在这些运动中，所费时间最多的动作是运球、传球，然而大家却最乐此不疲地练习射门，只是由于射门又酷又帅又有面子，而且能看到成果。可是，真正到了比赛场上，射门的机会少之又少。

其实，为了赢得一次射门的机会，需要 100 次反反复复的运球和传球。在新手阶段，传球才是目的，离球最近的人要争取运球并传球。当队员们意识到“传球是带来射门(目的)的一种手段”的时候，才开始追求高水平、高质量的传球。这时，如何组一个比赛团队就成了一种战略。

当自己持球的时候，要运动到更有利于射门的位置或是把球传给更有可能射门的人；如果无法射门就只能运球；对于不懂得增加射门机会的人或传球屡屡失败的人，队员们都会尽量避免传球给他。对拥有共同目标的伙伴们的信任是“纽带”，是团队的原点。这个例子告诉我们组织中的个人应该有的态度。

在日本的团体运动项目中，大学生球队虽然有更多的训练时间，但是，由职场人士组成的队伍却更为强大。经验丰富是原因之一，更重要的是职业人球队的训练方法有所不同，才能使他们克服年龄、体力上的不利条件。日常训练以有针对性的个人单独训练为主，如奔跑能力、耐久力的强化、精神健康等。队伍的集体训练每周只有 1—2 天。在集体训练时，每个人都要明确自己在队伍中的立场、作用，明确自己在单独训练中需要解决的问题。“理念的共有和内容的充实”是组织运营的铁的法则。为了比赛这样一个非日常的重要活动做日常的准备。首先要知道个人不够强大组织就无法取胜。在此之上才谈得上团队合作。

为了增强个人的能力，需要每个队员共同理解下列代表组织本质的组织理念：(1)这个组织为什么而存在(确认目的和意义)；(2)这个组织的目标是什么，将往何处去(目标和方向性)；(3)这个组织将什么视为最重要的东西(从价值观、评价和贡献的视点)；

(4)这个组织对组员有什么期待(知识、能力、技能、经验等)。

强大的个人能构筑一个能出成果的组织。“企业如人一样”是普遍现象。

从社区贡献活动中学到的“日常性”和“纽带”

最近，企业对毕业生有这样的严厉批评：“在学校成绩好、评价优秀，但工作起来却不行，这样的人越来越多。”大学以学习能力和就业能力为标准，然而仅此却无法满足企业的要求。

在大学学习的知识作为“保有的能力”在个人身上逐渐积累。工作后，要在企业里出成果，就要在各部门中充分活用这些“保有的能力”，从而展示自己的“发挥能力”，即“知行合一”。反复训练人们把学习到的理论知识运用到实践中去，这样的机制是不可缺少的。

企业所处的环境变化迅速。日本企业已感到越来越没有足够的时间去培养人才。企业的需求应该如何反映在大学的课程中，这已成为必须解决的一个问题。

迹见学园女子大学管理学部的芝原研究室作为一个融合理论和实践的场所，正在进行着“每年 50 个大、中、小型活动和项目”。本书在这里介绍这个研究室是有原因的。这个研究室曾获得“《读卖新闻》棒球行业大奖”的优秀奖，每次出场比赛总能得奖。这是个培养“强大的个人”的研究室。

对于日本产业经济省所倡导的“职场人士的基础能力”和其中的“发挥能力”的培养，芝原研究室非常重视。芝原研究室开展了一系列项目和活动，作为“行动（向前迈进一步的能力）”“思考（深入思考的能力）”“团队合作（团队工作的能力）”这三种能力的培训场所。特别是，他们对“世间的构造、对事物的看法和想法”的学习极为重视。

迹见学园女子大学在新座市（埼玉县）和文京区（东京都）都有校区。芝原研究室分别在两个校区所处的社区持续地开展社区贡献和社区活性化的项目，与当地企业或工商协会展开交流，每年都策划举办几次大型的社区活动。

他们早在5年前就参加了东京商工会议所主办的“向东京都内的商业街和社区建设提建议”的活动（文京区、台东区、世田谷区、品川区）。2011年还参加了日本传统文化的继承活动中的“300年的江户传统文化‘日本桥大传马町的腌咸菜市场’（每年10月19日和20日开幕）”的产学合作项目。

每当着手开始进行某个项目的时候，芝原研究室都会召集学生召开构建团队的“开球（kikc-off）会议”。这个会议的目的是建立一支能出成果的团队，让每个团队成员都能理解项目的目的、意义和具体目标，让所有团队成员都持有共同的理念。在此基础之上，会议上还明确宣布每个成员的岗位和职责，让全体成员都具备当事人的意识，站在项目领导者的立场上思考和行动。

芝原研究室的项目有如下特征：(1)成果具有独特性；(2)资源受到制约；(3)是有期限的；(4)成功与否一目了然；(5)团队合作完成。组建团队的目的是成功举办一个短期活动，项目一旦结束，团队也就随之解散了。

通过参加各种各样的项目，学生们发现，从活动结束的第二天开始，生活又恢复原样，又回到原来的平淡无奇。社区的人们一面愉快地享受着一年一度的活动、庆典（非日常的），一面理所当然地在踏踏实实的日常生活中发现快乐。正因为如此，在参加活动的过程中产生了真正的“羁绊”。一次性的策划能让人感受到骄傲自满或无地自容。原来，真正值得我们关注的不是特殊日子的庆典活动，而是对平凡的日常生活满怀热爱，真挚地度过每一天。而在组织这些活动的时候，我们离不开那些有能力策划、举办高品质项目的“强大的个人”。

3 转换经营战略迫在眉睫

电视机变成了计算器

由于技术开发迅速，产品的数码化进一步发展。生产制造的数码化迫使日本企业开始改革。电机业的8家大公司的2011年度的销售收入达到了30年前的3倍，但是主营业务营业利润仅为30年前的1/4。可以说这是追求扩大规模、经营资源扩散而导致的结果。迄今为止的经营战略难以为继。

在曾经的电算时代，技术工人的精湛技术支撑着日本工厂的生产现场，缔造了“制造之国日本”。但是，技术迅速过时，以先发优势为骄傲的时代过去了，曾经成功的商业模式目前需要改变。

数码产品无法适用过时的规则。曾几何时，美国通用电器(GE)的杰克·韦尔奇曾经这样主张：“在行业中排不上第一位或者第二位的部门，就实施重组、变卖或关闭的战略。”很多企业信奉这个战略而取得了成功。但是，韩国三星的液晶部门大幅度赤字，即使是行业第一也无法盈利。

如今，电视机和计算器差不多。由于计算器很难体现差异，从这个产品上盈利极其困难。家电大企业松下、索尼、夏普这三家公司在2012年3月的最终亏损共计1兆3千亿日元。电视机产品是这三家企业亏损的元凶。

与此同时，出现了通过“选择和集中”取得成功的企业。日立制作所和三菱电机从综合家电向各自擅长的领域转型成功，同期财报显示，虽然利润减少，但预计可以获得1000亿日元以上的净利润。这两家公司对家电领域进行了重组，对生产的产品进行了大规模的重新选择。

从综合型转向专业特化型

商业企业从综合型企业渐渐转型为专业特化型企业。技术和市场在短期内迅速变化，如果每条生产线都全装全配，必然会导致经营资源分散，使经营者难以进行全面合理的经营判断。因此，企业在自己最为擅长的领域内深耕，放弃不擅长的领域，利用经营互补的方式与擅长该领域的企业合作，这样的经营方式成为主流。即使是大型企业也面临着如何自己寻找经营资源、如何在最擅长的领域内实现利润最大化的问题。通过在最拿手的技术上进行合作，确保稳定的优势地位，争取企业的存续。

芬兰的诺基亚在20世纪90年代切割掉了电视机、个人电脑（PC）业务，集中到电气通讯领域，成了手机行业的巨人。然而，随着智能手机的登场，迫使诺基亚放弃了长年培育的塞班（Symbian）操作系统公司。另外，在世界电子计算机领域一直处于领导者地位的IBM公司在20世纪90年代缩小了规模，把其核心的个人电脑业务卖给了中国的联想集团，把业务主轴转型到为顾客订制解决方案上。现在，IBM主机产品的销售收入仅占全部销售收入的10%，已转型为一家咨询公司了。

在汽车生产领域，由于汽车装配生产需要极为多样的技术，并没有出现家电产业里常见的产品低端化、日用品化的现象。但是今后，随着电动汽车的普及，很可能会出现和家电领域相类似的现象。

小松等公司每年举办一次焊接和喷涂竞赛，来研磨生产技术，尽力保存自己的电算技术，作为争取差异化经营的办法。为了生存，日本企业不得不将自身拥有的经营资源最大限度地灵活使用，如数码与电算的融合、尖端技术与普通技术的组合、大型企业与中小企业的合作等。

为了确保企业收益稳定，企业绞尽脑汁地考虑各种各样的应对方法。三菱医疗控股集团旗下的企业之间实施了管理高层间互换岗位的人事聘任制度；业绩低迷的索尼公司正在研讨出资并购医疗领域领先的奥林巴斯；力争摆脱电视机产品的松下公司从单品家电的销售转向"全屋整体家电"的销售。站在新的视点之上，企业开始灵活利用所拥有的技术来应对危机。

与优衣库合作进行新面料开发的东丽集团、与复活的通用汽车(GM)合作瞄准商机的帝人、在环保领域积极探索并在中国建立了科研据点的东芝等公司灵活地利用合作对象所拥有的顾客信息、市场信息，极为活跃地采取推进产品开发等措施。

企业瞄准了销售产品之后的耗材销售，如打印机的墨盒、剃须刀的刀片等。我们可以看到，日立建机、普里斯通、三菱铅笔等公司正在积极开展产品销售后还能取得稳定销售收入的新业态。

遭遇综合超市（GMS）、便利店、通信销售等新业态的不断挤压，正经历寒冬的百货商店行业也在摸索新业务模式。整个行业的销售收入不断降低，甚至低于 7 兆日元水平。最近几年，百货商店积极地开展业务统合。流通行业的行动也很活跃。铁道公司运营的“站内店”由于地理位置优越，再加上对店铺业态组合仔细斟酌，这些企业的经营情况都较顺利。另外，销售收入不断增加的山田电机等家电产品大卖场以及售卖低价时装的优衣库、岛村等企业的战略虽然是在郊外开店，但也在向车站附近转移，市中心车站周围成了竞争的主战场。零售业 J. FRONT 公司则把电子业的 PARCO 公司收于旗下，通过建立百货商店、超市、杂货店、时装商城等综合流通集团来争取在竞争中胜出。与此同时，具有各自特色的三越、伊势丹等传统的百货商店则通过专注于百货商店业务取胜。这些企业实施不同的战略，是否能取得成功，我们将密切关注。

表 7　“优势”的利润化、新动向

从新观点出发来有效利用技术	
三菱化学	“交换”下属企业的最高领导，让生产制造部门出身的人担任研发部门的领导。
索尼	将数码相机的画像感应技术用于医疗。
松下	通过“家庭整体战略”集结广泛的经营资源。
用客户信息来刺激研发	
东丽	直接与服装面料大型企业进行交易，用具有一定功能的原材料进行纤维面料的再利用。
帝人	与美国通用汽车进行直接交易；推进技术人员的交流。

续 表

东芝	在有望成为“智能城市”的市场的中国建立研究点。
使售后盈利	
日立建机	来自零配件更换的销售收入占比超过20%。
普利司通	重点推出只需更换轮胎表面的再生轮胎。
三菱铅笔	将能更换笔芯的圆珠笔投入市场。

出处:《日本经济新闻》,2012年2月19日。

加速延迟退休

日本由于人口减少而产生了劳动力不足的问题,由于老龄化而产生了养老金财政困难的问题。解决这些问题的方法之一就是取消退休的制度。

取消退休制度的典型例子是树研工业公司。这是一家总部位于爱知县丰桥市的制造企业,生产小型精密的塑料零部件。这家公司里活跃着很多高龄员工,因而屡次被媒体报道。该公司的制度与其他公司大相径庭,如“按照先来后到的顺序录用”“没有退休制度”“没有出勤记录本”“加班自己申请”“没有人事考评体系”“工资完全按照年功序列”等。支持这种独特的人事制度的是该公司社长的企业哲学和他们拥有的塑料精密加工技术。该公司能制作全世界最小的、重量仅一百万分之一克、直径仅0.149毫米的齿轮,上了吉尼斯世界纪录。除去发生第一次石油危机的1974年5月以外,这家公司从来都是盈利企业。

也有企业在取消退休制度上失败了,那就是日本麦当劳。日本麦当劳于 2006 年 5 月开始废除退休制度。两年之前，日本麦当劳刚把年功序列的人事和薪酬制度转变为成果主义，录用了一批有经验的员工。该公司取消退休是为了充分使用经验丰富的成熟员工，“让依据能力和成果的待遇更加彻底”。但是，“退休这一区分消失之后，培养新员工的意识变得淡薄了，业务技能或信息的传承被延迟的情况时有发生”。因此，该公司不得不重启退休制度。有关退休制度的废除，有人主张“能力和年龄无关”，表示欢迎该制度。但在年功序列制度根深蒂固的日本，一旦取消退休，就会像日本麦当劳那样，新的问题会浮出水面。

根据厚生劳动省发表的《2010 年就业条件综合调查》报告，现实情况是，规模在 1000 人以上的企业，只有 0.8%的企业取消了退休制度。但是，在年金制度较为混乱的现实情况下，作为解决对策，延迟退休的步伐应该加快。

对小生意的期待

小生意是与大企业的大生意相对的概念，由个人或小团队灵活运用自身的技能赚钱，并非大赚特赚，而是重视生活质量和工作兴趣，一边享受工作的乐趣一边面向小微市场快速挣小钱的生意。这一商业模式以美国为中心，每年都在不断扩大。

从广义的角度来说，风险投资业也属于小生意。但是，风险投资是利益指向，以扩大规模和成为大企业为目标。小生意则与此相对。狭义的小生意注重生活质量，规模不大，也不想成为大企业。两者有着极大的不同。

归根结底，小生意是个人或小团体做一些真心想做的事、喜欢做的事，从而获得幸福感。也就是说，“心里的满足”是做小生意最大的目的。只要能获得足够的生活收入，就已经满足了。

这种小生意有以下三个特征：(1)小规模地进行，投资金额非常少；(2)因为希望按照自己喜欢的方式去做，一般来说是使用自己的资金；(3)一旦失败，风险也很小。

小生意就好像是一只碗的名字，可以选择自己最想要喝的东西放入其中(能够享受人生的东西)。如果能和自己一生的事业相关，那是最好的。

根据自己的职场生涯创立一个小生意，自己担任最高经营责任人(CEO)，活用自己积累的工作经验，根据自己的身体状况开展工作，无需退休，一边享受创业的乐趣一边工作。这种小生意机制往往能得到周围人的感谢，能在一定程度上施展才华。小生意是一种有效的方法，补充了现行年金制度的不安定性，消除了对未来的不安。

大生意的经营目标通常瞄准“最大、最长、最高、最快”，采取能将利润最大化的措施。然而，小生意瞄准的目标是让自己心里满足，利润能让自己满意也就够了，为此只需采取适度的行动。

再者，今后的企业行动并不与规模的大小相关，不可缺少的是合作。这种合作一般包括以下三种：(1)紧密的合作：同生共死型的社会，排他而封闭的倾向；(2)缓和的合作：共享利益的相互利用社会，在发挥独特性的同时与他人(他公司)共存；(3)稀薄的合作：互联网社会，信息能够传达，但情感无法传达。正如我在前文中所列举的日本企业的各种动向，即使是大企业，单独一家企业想要把全部的功能和业务都装进来是不可能的。综合性企业越来越少，更多的企业采取了“缓和的合作”。

今后,我们一面要解决不透明的长寿社会、年金问题等问题,一面要为老年人提供活跃和工作的场所。为过上更有意义的生活,小生意应该能成为解决问题的一种方法。

衰退的街镇变身为创业的街镇

2012 年 2 月发行的《日本经济新闻》的“春秋”栏目里刊登了这样的文章:“衰退的街镇变身为创业的街镇。7 年前,由于飓风的破坏,8 成土地被淹没的美国新奥尔良市正在发生改变。创业者增多了,近 8 成的人口回来了。变化的原因来自两方面:一是在社区里由百姓主导建成了面向未来的街镇,以大变样为目标;二是用获得的捐款投资其他城镇的优秀学生或职业人士等年轻人的小规模事业。由此推进了‘年轻人、外地人、独特的人’的街镇建设。”(概要和意译)

如果能够把当地人们所期待的未来街镇的样貌描绘出来,再准备好适当的措施来鼓励自由创造,使之成为促成这个地区未来发展的驱动力,那么我们就能想象出当地居民们欢乐地、精神饱满地参与街镇建设的样子。大震灾已经过去一年了,我们希望这些方法和智慧能带来灾后的复兴。

4

女性经营者、管理者的活用法

我们国家的新企业少于关停企业数，我们期待新企业的增加能够为经济带来活力。少子化和老龄化加剧，劳动人口减少，我们期待女性不仅成为劳动人口，而且成为企业家，活跃在社会经济之中。看看日本女性创业者或女性管理人员就会发现，与先进国家相比，虽然日本的高学历女性越来越多，但是女性的能力还没有在社会上得到充分的发挥。

例如，根据测量女性在社会、政治、经济领域里持有多少权力的 GEM 指数，日本在 109 个国家中处于第 57 位。很明显，在这些领域中男女的差别依然很大。

1985 年，日本《男女雇用机会均等法》出台以后，女性进入社会的步伐加快了，但由于女性能真实地感到在企业中会遭遇升职“玻璃天花板”的阻碍，因此我们可以看到各种各样的女性创业者层出不穷。那么，我们该如何描述女性创业者在经营上的特征呢？

女性创业者具有这样的特征：她们创立一个与自己能力相符的不过分的企业，并且脚踏实地地把企业运营下去。创业学研究的第一人高桥德行从“新创业实态调查”的结果中得出以下结论。

他认为“不具备管理层以上职场经验的女性，用个人经营的形式开展以个人消费者为对象的事业，想要通过这个事业活用自己的兴趣或特殊技能，她们并没有太大的扩张的欲望”。

女性创业者还有这样的特征：她们会先仔细斟酌再创造新商品或服务，尤其在家务、育儿、护理等女性擅长的领域。另外，在应对个人消费者方面，女性也很擅长。特别在育儿、人才派遣、送餐服务、代理家务等领域，女性能站在消费者的角度考虑问题，这一点比男性更具有优势。

例如，某位女性创业者是一个单身妈妈，白天和晚上都必须出去工作。虽然她可以在工作日的白天把孩子送到幼儿园，但是孩子一旦生病或是周末、晚间，想要找个能照顾孩子的地方则非常困难。她根据自己的这些经验，开设了一家每天 24 小时都接收、照顾孩子的幼儿园。她体会到了职场女性的困难，为了解决这样的困难而创业。女性能感受到日常生活中的不便，并因此创业，这是女性的优势。

大石友子京都学园大学教授按照不同的创业动机对女性创业者进行了分类。见表 8 其中，社会参与型和自我实现型、自我雇用型、市民活动型在“团块世代”以后较为多见，职业达成型则在《男女雇用机会均等法》实施后较为普遍。可见，女性的创业动机是随着时代的变化而不断变化的。

表 8　女性创业者的动机

A	历来型	餐馆、美容院等历来女性占比较多的行业
B	社会参与型和自我实现型	育儿、护理等活用主妇擅长的技能而产生的行业

续 表

C	自我雇用型	SOHO等在家能做的行业
D	市民活动型	NPO或职场人士协会等福利事业等
E	职业达成型	加入现有行业之中或风险型行业

出处：大石友子：《女性经营能力的发挥能带来社会的活力》，载日本商工经济研究所：《商工期刊》34卷，2008年。

2000年前后显著增加的是活用互联网的女性创业案例。按照田村真理子的研究，那些创业公司的办公场所虽然很小，但她们能把拥有专业知识的女性、老年人、学生组织起来，使用有能力的人才开展业务。这样的创业公司现在越来越多见了。例如，成了全职主妇的编程员可以在家里工作，被埋没的人才有了发挥才能的机会。另外，持有护理员资格证书的女性在婚后成为全职主妇之后也可以在护理服务机构或医院登记，获得临时性的工作。

因此，女性经营者的特征还包括雇用那些没能充分发挥自己能力的女性人才，在考虑家庭情况的同时，为她们提供灵活机动的、有弹性的工作机会。

让女性大显身手的社会

女性经营者的特征之一是积极地录用女性并且让女性活跃于职场之中。在企业中难以实现自我价值的女性以及从家务和育儿经验中碰到困难的女性经营者更倾向于让女性发挥能力的雇佣倾向。

女性经营者能够站在女性的立场上，从女性的视点发现微小的商业机会。同为女性，她们能够为女性提供更好的职场环境，为希望再就业的有能力的女性提供工作机会。中小企业白皮书也指出，由于生孩子或育儿等原因辞职的女性在再就业时只有约 15％的人能如愿以偿地恢复正式员工的身份。女性的愿望和现实之间存在着巨大的鸿沟。这种情况下，我们应帮助那些找不到合适人才的中小企业或初创企业，让在那里工作的女性员工能够平衡工作和生活，确保人尽其用。协调好工作和生活之后，优秀的人才自然聚集，企业业绩向好，成长为优秀的企业，这样的良性循环是我们所期待的。这就是“不让职业女性辞职”和“女性再就业”这两个难题的解决方法。

明星企业家辈出

此外，高桥德行也指出，女性企业家越来越多，其中一定会诞生明星。这些明星们就是榜样，会产生良性循环。把培养女性企业家定为日本的经济政策、培养能够让女性大显身手的土壤等都是能唤起日本经济活力的捷径。

女性在就业、结婚、生儿育女、育儿、丈夫的调动、老人的护理等每一个生活阶段必须直面不同的问题，要想保持在职的状态并不容易。每个人在每个时期所碰到的问题和障碍均有所不同，因此，激发女性企业家创业从而增加日本经济活力并非简单而又容易解决的问题。首先应该认识到女性企业家具有多样性，发现她们的共同特点，再考虑今后的对策才是理性之举。女性并不需要与男性有完全相同的职业生涯。

女性明星企业家也会刺激那些以男性经营者为中心的企业，使他们开始考虑活用女性劳动力。让女性无论在哪个人生阶段都能够兼顾家庭和工作，能够做到这一点的社会才能解决少子化问题。

专栏

“国际化”和 IFRS 热潮

书店的经管类书籍中有个“IFRS”专区，这在几年之前是没有的。用“IFRS”这四个字母做书名的书籍在经管类书籍的畅销榜上曾排行榜首。

“IFRS”是由英语词组“International Financial Reporting Standards”的首字母组成的，可翻译成“国际会计准则”或“国际财务报告准则”。会计准则是企业在编制财务报表(决算书)时必须遵守的规则，IFRS 是其中的一个准则。编制这套准则的是由世界各国派出的理事(现在有一个日本人)组成的国际会计准则委员会(IASB)。根据 IASB 所说，IFRS 已经被世界上100 多个国家或地区采用。

而日本并不强制要求企业遵循国际会计准则。但是，由于 IFRS 里有“国际”两个字，听上去仿佛如果日本不遵守的话很可能会被国际社会排除在外，因此很多人有这样的担心。正是由于这种莫名的不安，使IFRS一下子流行起来。最近，以证券交易的监督机构金融厅为中心，热烈地讨论了是否需要在日本强制性导入IFRS。

日本企业会计审议会在2009年6月公布的《关于日本对应国际会计准则的情况（中间报告）》说，日本将静观美国的动向，究竟是否采用该准则，预计将在2012年得出结论。然而，人们却误解为2012年日本将强制性地采用IFRS，日本所有的企业将于2015年末开始采用IFRS编制财务报表。

这一热潮的切换点是2011年6月21日自见庄三郎金融担当大臣发表谈话。他说要"充分了解以美国为主的各个国家的情况，希望对此展开综合性的成熟的讨论"，表现出极为慎重的姿态。看来，直到2015年末都不会强制性地要求日本（的上市）企业必须采用IFRS。

日本最近开始普遍认识到日本并没有被国际社会排除在外，根本无需惊慌。采用IFRS的100多个国家和地区也包括日本，因为在日本证券交易市场上市的外国公司是允许采用IFRS编制决算报告的。2010年末以后，在日本证券交易市场上市的日本企业也允许使用IFRS。到2012年2月29日为止，日本企业中已经有4家企业（按照采用IFRS的先后顺序为日本电波工业、HOYA、住友商事、日本板硝子）导入了IFRS，并编制和发布了经过正式审计的决算书，预计今后还会有所增加。想要采用IFRS的日本企业早已经开始采用了。

美国的情况也基本相同，只不过美国企业没有随随便便地开始采用 IFRS 的。原因之一是，与被认为是细则主义的、具有详细规定的美国会计准则相比，IFRS 属于原则主义，并没有详细的规定和细则。因此，如果美国企业采用 IFRS，就需要美国企业的经营者自己进行判断，一不小心就有可能触犯美国法律而被起诉。

那么其他国家和地区怎么样呢？在 2005 年就开始强制要求上市公司的合并财务报表（企业集团决算）使用 IFRS 的欧美国家（EU）也排除了 IFRS 中的一部分规定，并没有完全使用 IFRS。同样，印度也排除了一部分规定。另外，在公开宣称采用 IFRS 的中国，翻译后的准则与原版的 IFRS 准则相比少了很多。

世界各国的情况各种各样。在这里，笔者能够说的是至少日本不会被国际社会排除在外。虽然不能完全不必担心，但确实不需要过分焦虑。再者，在 IFRS 的强制性采用上，它和国内法（日本的税法或公司法等）之间的调整、准则的内容是否有问题等重大问题堆积如山。在这种情况下，现在马上要求所有的日本企业抛弃日本会计准则而遵循由海洋彼岸编制的国际会计准则（而且基本上没有人使用完全版），我们似乎需要谨慎。

但是，从未来的角度看，IFRS 是重要的。我们先不谈能否实现一个全球统一的会计准则，但世界上的大多数国家正在为此而努力。看上去枯燥无味的会计世界正发生着这一动向。哪怕只有少数人对这样的动向和问题感兴趣，那笔者撰写本专栏的目的就达到了。

5

第5章

文化创造战略开拓新时代

本章从文化的角度来探讨日本的强大，以村上隆和“初音未来”为例、以“超级平均”“从竞争到共创”为关键词对日本的艺术的特征进行解说，然后以越后妻有艺术盛会等例子来介绍艺术管理带来丰富的社会，最后建议通过文化对话创建新型的社区。

1

海外盛赞的“日本式感性”

动漫提示的新世界观

2011年6月30日到7月3日，在巴黎举行的日本博览会上吸引了迄今为止最大规模的19万粉丝前来参观。这是以漫画、动漫片为首的日本流行文化的展览会。与此同时，在美国洛杉矶举办的动漫博览会也吸引了超过12万8000的参观者。7月3日，在日本博览会上举办的“初音未来”音乐会则聚集了6000名粉丝。

这些活动证明了日本漫画和动漫片在欧洲和美国的超高人气。无论是欧美还是亚洲，日本的流行文化都极具人气，连“卡哇伊”（意为“可爱的”）这个日语词汇也在海外国家被广泛使用，Cosplay活动更是大受欢迎。

在欧洲，日本制作的新动漫每次都大受追捧。在法国等地，看《足球小将》《美少女战士水兵月》等日本动画片长大的年轻人越来越多。如此，欧美人对日本流行文化的关注以及粉丝们的热情早已超出了日本国内的想象。

世界各国使用“酷日本”一词来形容人们对日本流行文化的关注程度。笔者第一次听到这个词是在 2002 年，一位名叫道格拉斯·马格雷（Douglas McGray）的记者在外交专业期刊《外国政策》（*Foreign Policy*）上发表的论文《日本的国民酷总值》（“Japan's Gross National Cool”）中用了这个词。在他的论文中，“酷日本”的含义正如 GNP 的结构一样一目了然，他认为日本的流行文化已经转变为新兴的增长产业。在美国，寿司、漫画成了日本的代名词，“口袋妖怪”人气火爆，甚至已经演变成一种社会现象。人们已经接受了“酷日本”是发源于日本的一种全新的价值观。

说起漫画或者动漫，在日本一般认为这是那些宅男宅女们制造的次文化现象。每次举办“漫画市场”（通称漫市）都有超过 50 万人（举办 3 天）到场参加。日本国内的出版物中，漫画杂志或漫画书籍的占比超过了 30%，读者群也非常广泛，目前已不仅限于年轻人了。即便如此，漫画或者动漫作品在日本仍然被认为是次文化，而且没有改变的迹象。这是因为，从明治时代开始就，日本就认为欧洲传来的文化才是主流文化。

村上：把日本放入西洋文脉之中

在人们的印象中，与欧美文化相比，日本文化具有怎样的不同特质呢？

现代美术家村上隆就是考察这一问题的一个好例子。村上隆是欧美美术市场上作品交易价格最高的日本画家，极具人气。村上以其“超扁平展”（2001 年～）先在美国市场上获得成功，然后在

2003年在欧洲与路易·威登合作展览，遂广为人知。从2010年9月开始，法国巴黎郊外的凡尔赛宫举行了以“村上凡尔赛(Murakami Versailles)”为名的作品展，历时3个月。

在村上自己的著作《艺术创业论》(幻冬舍，2006年)的分析部分里可以找到欧美人给予日本式感性极高评价的原因。

村上所做的是，用现代日本动漫中的人物或造型作题材，用表现现代日本的美意识的方式来创作作品(日本式的美意识等于继承了日本画的传统表现技法)，并有意识地把这些作品放入西洋美术的文脉之中，让其占有一席之地。如果不这样的话，就无法从欧美的美术行业的专业人士那里获得认可，也无法在欧美的美术市场上占据一席之地。村上曾这样说过，我们承认美国是欧美艺术、特别是现代艺术的中心，在此基础之上，在西洋美术史的文脉之中，必须把自己定位为一个有独特性的作家。这样才能用极为战略性的方法与西洋的欧美文化对峙。也就是说，一面与19世纪末法国的日本式艺术中浮世绘的发现相对照，并在自己的作品中完全吸收西洋美术史的价值观，一面表现出自己作品的独特价值。村上隆就是这样一路走来的。

改写“不断的失败”

这样看起来，现在似乎是以漫画、动漫或者游戏软件为代表的流行文化席卷了日本的文化市场。但是，代表日本传统文化的能乐、文乐(人形净琉璃)以及歌舞伎等20多种艺术工艺在联合国教科文组织的无形文化遗产名录中进行了登录。一直以来，日本都是首先作为一个传统文化的国家被大家所认知。一般来说，外国对日本的印象应该是传统文化和索尼、丰田所代表的高科技产业并存的国家。

每每说到日本，能想起来的是传统文化和副文化，难以看清主要的艺术或思想。为什么会难以看清中间的内容？如果要极端地回答这个问题，那是因为日本主要梦想的是起源于西洋的艺术。即使如此，有关艺术的历史积累，日本和欧美之间有着压倒性的差异，连日本国内都没有意识到这一点。日本人总是认为应该从欧美那里学习文化的普遍性价值。也就是说，日本近代的艺术中，多数情况下，日本人只限于模仿西洋的艺术，因此从西洋的角度看，并没有考虑日本文化的独立性来发展日本近代艺术，甚至还不如那些与西洋文化不相重合的边缘的艺术类型或风格更能赢得关注。这是日本近代艺术的概况。

当然，上述观点并不能否定迄今为止有许多优秀的日本艺术家出现，只不过没有谁能够简单明了地说明日本的独特性、特殊性。

从世界文化史的角度看，最近数百年来，欧美各国独占了普世价值（以及每个时代普遍共识的价值）的决定权。日本在明治以后拼命努力，希望追上西方各国。日本引进西洋艺术并向之学习。一直以来，日本都有这种强烈的紧迫观念。结果，日本努力追上的是经济实力，而在文化方面，老实说，很难说日本已经追上了欧美的潮流。

在体育运动方面，在制定国际性的竞技规则时，各国会因各自利益而发生冲突。掌握着规则制定的主导权的是欧洲，非西方国家或地区即使不愿意也必须得遵守这样的规则。在体育界,从柔道到滑雪,各种竞技活动都是如此,各种竞技体育项目都得遵循这样的规律。艺术的世界也是如此。迄今为止,日本艺术家对西洋的价值决定机构而言只是接收者,没能成为倡导者。

因此,在艺术批评和创造上,在西洋艺术具有压倒性优势的前提下,为了得到心理平衡,日本人时常用能够和西洋近代艺术相匹敌的日本传统艺术进行对照,并以此作为一种与西洋应对的战略或策略。其实,这样的策略可以说是有一定效果的。

这种情况下,村上强烈地感觉到有必要战略性地面对上述西洋艺术的规则。也就是说,村上所面临的挑战就是在艺术领域中完全承认日本和欧洲在世界上的极其显著的地位之差,在此基础之上做好充分的准备以等待时机。

村上在前述的著作中说过,第二次世界大战之后,日本一直以来都在“不断地失败”。第二次世界大战时,日本的生产力与美国相比大幅落后。在这之后,日本实现了经济高速增长,成了世界第二大经济体,然而依然不断地失败。这里的“失败”并非是指直接的生产力的失败,而是指日本在决定价值框架方面没有决定权。从这个意义上说,日本一直在“不断地失败”。

现在正是要改写“不断的失败”。在这个过程之中,日本极有可能握住潜藏着的钥匙,大逆转故事似乎正在上演。

日本人的感性特质是“超扁平”

有关日本人的感性特质,村上隆认为是“超扁平”。我们在这里要对“超扁平”进行一些说明。“超扁平”是指不预先设想唯一的一个中心点(神的视点),不让人感觉到一种让特异之处收敛回归的统一秩序。与此相对的是具备多个视点和多元性特征。在这里,我们有必要提一下 19 世纪日本的浮世绘给予法国印象派画家们的强烈影响。“超扁平”是指当时的以写乐或北齐等为代表的浮世绘以及与其相同的文脉。

被海外称颂的日本文化与这里介绍的例子有着共同点。在漫画或动漫等日本的流行艺术以及与这些流行艺术相通的现代艺术之中存在着西洋近代美术中所没有的世界观,这一点为海外所称颂。从西洋的视点看来,他们从日本流行艺术中发现了迄今为止的美术的范畴里所没有的价值。“超扁平”意味着日本文化的特征统统都是二元的、并列的,已经消灭了阶级性的重要特征。

2

从竞争到共创——“初音未来”的创造性

大型故事的丧失

西洋美术世界里的价值观是不被区域性的差异和历史性的文脉所左右的，是普遍性的。为实现这个价值追求，20世纪初出现了被白色墙壁包围的没有个性的展示空间（白色立方）。然而，到了20世纪后半期，西洋美术界从无条件地肯定白色立方转向了另一种态度，即文化是依存于各国家或时代的文脉之中的，而且正因为如此才具有存在的价值。这个过程在思想史之中被称为“大型故事的丧失”。

因此，现代艺术逐渐重视某些概念和创作手法，即在艺术展示或者活动中重视特定场所的被称为“特定地点”或“正在制作中的作品”的概念和创作手法。通过内容（被表现的内容）的普遍性，重视一贯相连的脉络（文脉）。为了体现个性，在某些方面本地化（历史固有的规定）是必要的。最大表现是文化。个性、固有性才是文化的关键所在，这个逐渐被重视。

在这一点上，日本美意识的概念可谓是相当独特的。2011年在巴黎举办的展览“艺术香槟城”(ART BRUT JAPONAIS)被广泛关注就是一个证据。日本的美意识在西洋的正统美术潮流来看只能算得上是一种“破调”。在日本的美意识里，与其说是理性，不如说是身体性更被重视，不同个性的人们保持着不同的个性，就这样共存着。人类和自然经过一体化的功能整体的调和(Holistic)的自然认识过程，这可能才是日本的特征。

社会互酬性原理的活用

现代社会是竞争的社会。总有人主张，我们为了实现丰富的生活、富裕的社会，无论是谁都必须在竞争中脱颖而出。

确实，在资本主义时代，无论人们希望还是不希望，都会被卷入竞争。我们不得不承认这一点。

如果真是这样，有胜利者才有失败者。这样一来，这个问题终究无法解决。迄今为止，个人的排他性以及所有以此为前提的竞争是社会的驱动力。不过，在现代社会中，用不同的方法进行尝试不是也完全可能吗？就算无法消除竞争，也完全有可能构建一个与他人共同感受共同想象、互相息息相关的社会。

共享社会具有这样的特征。正如脸书(Facebook)和推特(Twitter)等社交网络大受欢迎，由于共同感受的能力，对于同一事物的共同兴趣和关注产生了凝聚的效应。在此背景下，我们应该能注意到，历来是以个人为主的创造活动变成了多人合作。

具有代表性的例子是被称为“Vocaloid”的声音合成软件“初音

未来”。“初音未来”象征着新时代的创造性。通过这个软件，可以让很多人共同创作作品。与强调某一个特定的人是创作人的这种近代以来的艺术观不同，“初音未来”表现出了一种“多人凑在一起”的原理。举例来说，我们思考一下日本中世纪能见到的连歌形式中的场所效应。在连歌的场所中，在那里聚集的人们之间实现了相互尊重和互有共鸣的一种交流。在那里，创造并不是以个人为单位进行的。由于场所中的磁力，个人和个人之间相互关联，实现了共同创造。如今，同人杂志在日本全国各地的发行量依然大得惊人，并支持着漫画粉丝们开展买卖交易，支撑着漫画市场。我们注意到，这种杂志属于传统形式的媒体。“初音未来”这一新 IT 技术的推广展现了人类活动的形态，这种形态与其说是人类历史上一直就有的，不如说是人类的原型，即通过共有、协作使创造性的音乐合作成为可能。

从所有到分享，从国家到地区

个人所有、个人成为权利的主体，这是极为近代的概念，带有极强的时代烙印。近代的资本主义社会以财产的私有和私有财产在市场上进行交换为前提，因此个人创作物的使用权或者财产权是归属于个人作者的权利，必须要进行著作权的保护。在这里贯彻了排他性所有和竞争的原理。

然而，我想读者们已经意识到了，现在已经有不同的现象开始出现，如免费软件（Freeware）、共享软件（Shareware）、维基百科等。谁都能够匿名上传动画作品，然后马上会有人来评论。

如今,新兴国家的庞大的中产阶级消费踊跃,让世人瞩目。消费商品的日用品化对于以生产制造为中心的制造产业来说是正面的积极因素。但是,商品上如果没有附加价值,那么就没有优势。对于日本来说,重要的是摆脱商品或服务的统一化和无个性化以及由此带来的日常生活的日用品化。为此,个人和个人之间的关系的实质化非常必要,以我个人之见,这应该是向地方上瞄准的。

3

艺术管理创造丰富的社会

新关系对“我们”的希望和要求

有关个人之间的关系的实质化的先导工作已经在日本开始了，这是有关艺术的互酬性、社会分享、共同使用方面的。其中，艺术占据最为主要的中心地位，取得了相当多的成果。

近些年在日本国内，我们能感到文化振兴方面与以往有所不同，发生了很大的变化。首先，大型美术馆形势大好，接二连三地迎来大量的参观者。这些美术馆能吸引大量参观者的主要原因是印象派画展大受欢迎以及美术品的市场价格和种类都大幅度增加。最近，在野外举办的现代艺术展览也呈现出一派繁荣的景象。值得关注的有濑户内国际艺术祭、爱知美术展、横滨美术展等美术展，每一次美术展都吸引了数量众多的参观者。

2010 年 7 到 10 月，在濑户内海的 7 个岛屿上（香川县的直岛、丰岛、女木岛、男木岛、小豆岛、大岛、岗山县的犬岛）和高松港周边地区一起举办了濑户内国际艺术祭，据说共有 90 万人前来参观。

在展览会期最后的休息日，由于观众太多，超过了主办方的接待量，导致接驳船上人满为患。出现这种盛况，与直岛被定位为艺术之岛并建设了地中美术馆等设施有关。外国人看来，直岛逐渐成为现代艺术的圣地。

2010 年秋季举办的“爱知美术展”上，共计 72 天的展览期内有 57 万参观者到场，平日里人烟稀少的长者町纤维街都被参观者挤满了。横滨美术展每次的会场和主题都不一样，然而每年都盛况空前，使横滨街市热闹非凡。

其实，首先成功的是 2000 年开始举办的越后妻有艺术展览会，迄今为止已经举办过 6 次了。

越后妻有艺术展览会分布在横跨新潟县的十日町和津南町，比东京 23 区的面积更为广阔。在这片区域中分散设置了共计超过 400 处的现代艺术作品群。这个艺术展览会每三年举办一次，每次都吸引了数十万人从东京首都圈以及全国各地赶来参观。

大卷伸祠：《Liminal Air-core-》(濑户内国际艺术祭)
摄影：中村脩

越后妻有艺术展览会的特别之处还在于它有效地解决了当地人口过于稀疏的问题。这可以成为一种政策导向。

之所以这样说，是因为越后妻有艺术展览会并不仅仅是作为当地旅游观光的热门景点来吸引游客，对于当地居民来说，这一展览会的成功能从根本意义上振兴这一

伊利亚和艾米莉亚·卡巴科夫：《梯田》（越后妻有艺术展览会）
大地的艺术祭的故乡（新潟县十日町市）
摄影：中村脩

地区。通过举办艺术展览，不仅把日常的生活和艺术串联了起来，还串联起了当地的产业。当地人运用艺术把自己对故乡的骄傲进行可视化。因为有了艺术展览，当地人才有机会重新审视自己的生活，也是当地人培养自尊心和涵养的机会。

有关这个艺术展览会和当地居民之间的关系，有人进行了一项有趣的研究。实际上，越后妻有的居民们并非从一开始就赞成举办艺术展览会。当地居民并不熟悉现代艺术，对于外来的现代美术家们所进行的艺术展览活动感到疑点重重。但是，这样的态度后来发生了转变。艺术家们多次和当地居民的交谈，并且让他们也参与到作品的制作之中。艺术展览会和当地居民之间的关系以艺术作品的形式呈现出来。当地人才理解，那片土地上的作品必须在那片土地上制作完成，而且外界对艺术展览的评价很高。

至此，当地居民们的疑惑彻底打消，和艺术家们互相合作。如此一来，当地居民和外来艺术家之间建立起了一种相互协调的共存关系，当地居民也由此对故乡产生了自豪感。

当然，我们不认为这样的事情在任何时候、任何地方都能发生。但是，当我们知道有这种艺术形式存在，那么，在社会中孤立存在的、失去了联系的个人不也能在自己寻求联系的过程中创出新的共同体吗？这样，我们就能够拓展思路，思考一下在一个社会中艺术和社会之间关系的一般性理论。

用艺术“建立联系”

受 2011 年 3 月东日本大地震和福岛第一核电站事故的影响，日本社会开始反省以消费为优先的社会是否合适以及面向未来摸索可持续发展的可能性。

以震后复兴为目的的“支援消费”得到了人们的关注。因为受灾群众的迁徙范围有所限定，所以我们可以设想在与此相关的商品或服务上具有共有价值、共有情感。

艺术总是随着时代的变化而变化。笔者参与编写的《今后的管理》（中川真编，电影艺术出版社，2011 年）一书提倡“社会分享”的概念。根据中川先生的意见，由于艺术的存在，社会变得充满了多样性。正是艺术使我们能“在自己身上看到他人性”。因此，艺术是极为重要的。

曾几何时，泡沫经济时代以及经济泡沫破灭之后，日本全国各地的地方自治政府都争先恐后地建设气派的剧场或音乐厅等文化设施。一开始，各地抱着“巨舰大炮主义”互相攀比这些“箱式建筑”的豪华程度，但是渐渐地大家开始更加重视练习场地和多功能空间的配备。一线的工作人员早已注意到这个情况。

今后将走向“区域社会圈主义”

笔者提出的具体建议和政策设想是建筑家山本理显所倡导的“区域社会圈模式”。据他所说，日本的“私”的领域已经在第二次世界大战后应公众要求形成了，即公众要求地区的均质化、个人的均质化成为国家政策（产业政策、社会政策）。被分隔开的个人被孤立了，区域社会发生了实质性的崩溃和空洞化，直至今天。

今后，这样的政策必须改变。应该用“区域社会圈主义”来改变人民的居住形式和生活方式。这确实是与社会价值观的改变密切相关的。已出现了“从个人的消费转向共创”的潮流。

新型的公共社会是指政府（国家或地方自治政府）接受了国民的要求并为满足国民的要求而提供制度性的保障，当这一宏图伟业失败之后只得通过小型的公共集聚来形成互相扶持的社会模式。

体型巨大的大型船舶是很难急转弯的。同理，国家和地方自治政府的文化政策方向也难以马上改变。

然而，我们自身的想法并非不能改变。明治以来，从欧洲的理性标准来看日本人的心性，可能会感觉完全不同。在美术评论中，日本人的感性或心性时常被评价为“幼态成熟（Neoteny）”。因为日本人自己也渐渐这样觉得，于是对日本特有的方式完全没有自信。但是，没有必要什么事情都对照西洋标准来评价。其实，我们应该有自己的想法和标准。

笔者认为，日本的艺术管理将会创造丰裕的社会。为了实现这样的社会，我们提出了新的价值观，即唯有在艺术实践的现场才能看到希望。

世界上的新兴国家正在为实现“大众消费社会”而努力，而我们确信日本社会的未来在于构筑新型的“共创”型社会。说不定“新型大众消费社会”恰恰是“内容共创社会”。

4 投资文化带来日本再生

以下是我们为了日本的再生从文化管理的角度出发提出的一些具体建议。

首先，我们期待通过文化的对话创造新社区。正如奥林匹克运动会和世界遗产所带来的旅游观光资源一样，文化设施和文化活动能刺激我们的感官，促进新的发现。举办多种多样的文化活动能不断地制造出新的相遇、对话，文化设施是创造的场所。正如节日活动或者艺术表演活动具有酿成区域一体化的功能一样，文化活动所带来的人与人之间网络的活性化将会一直波及举办活动的整个地区。

笔者建议，地方自治政府应该制定一些政策，鼓励和促进企业、NPO 等雇主单位积极地雇用一些出身不同的人或持有不同价值观的人。这样做可以使劳动形态更为多样化，从而扩大雇佣。对员工来说，选择短期工作的员工通过工作分享来减少工作量，从而更舒适地生活。这样的雇佣政策会促使看重兴趣、自由时间的人进入劳动市场。

而且，当地的自治体可以重点运营一所“国际社区大学(Global

Community College)”，让各种各样的人互相认识和学习。如果当地有传统艺术或产业技能，就可以在新的社区中不断分享和传承下去。这应该成为各地方自治体的重点政策。

另外，为了使地区活性化，自治体政府可以把市中心地段的空店面、空闲空间作为未来可利用的空间发放补助，以此对民间企业进行支援，这个方法应该会有效。

改变闲置设施或空间的并充分利用，使它们变为具有高度自由的空间，这种空间被称为备选空间。通过民间团体或官民协作，在备选空间开展有个性的文化活动，这样的案例在全国各地有很多。随便举几个例子，有黎明开明社（札幌）、康克力纽（札幌）、空间实验室（青森）、西巢鸭创造社（东京）、艺能花传社（东京）、艺术千代田 3331（东京）、BankART Studio NYK（横滨）、陡坡工作室（横滨）、ST 体育横滨（横滨）、京都艺术中心（京都）、艺术综合馆 1928（京都）、创意中心（大阪）、Art Theater dB Kobe（神户）、鸟的剧场（鸟取）、艺术区蒿工仓库（高知）、Platform（别府）等，数不胜数。

或者，各个地区可以设立企业家大奖，通过表彰创业企业家来支持当地的品牌，以期扩大经济效果。

综上所述，根据各个地区和社区的不同情况，可以同时实施文化政策、产业政策和社区政策，寻找建设特色街镇的可能性。这些政策也是近些年来在欧洲或美国开展的，运用文化进行都市（地区）再生的项目产生了巨大的成效。

正如起源于意大利的文艺复兴引导了欧洲一样，重视文化和创造文化的活动能开创新的时代。笔者真心期待日本的再生始于对文化的投资和对文化创造活动的管理。

专栏

“酷日本”品牌的确立

“Cool”一词的原意是潇洒、有品味，是个褒义词，经常在介绍某一店铺时使用。道格拉斯·马格雷在其论文《日本的国民酷总值》（*Japan's Gross National Cool*）中说，对于日本的现代文化或者生活方式，从欧美人的眼中看来是极为有品位且很先进，这种评价对于日本来说具有划时代的意义。随着时间的流逝，马格雷的先见之明越来越显而易见。现如今，他对日本的流行文化、生活方式的赞赏之辞已在世界上广为流传。

以澳大利亚墨尔本等地为据点活跃的野崎和宏氏（DJ NOZAKI）认为，无论在澳大利亚、泰国或新加坡，人们对日本文化的憧憬都在不断加剧。

实际上，在亚洲的多个国家，日本的时尚杂志很畅销，年轻女孩都在模仿日本女性的穿着。“东京女孩时尚秀”（Tokyo girls collection）被许多国家转播，收到了很多服装订单。大学时曾在北京的日系广告代理店工作过的福井彩香氏所（株式会社 Recruit 的职员）说，被称为“80 后”的 20 世纪 80 年代出生的中国年轻人是读着《mina》《ViVi》《Ray》等日本时尚杂志长大的，认为日本的服装设计、服饰搭配极富魅力。

随着这种“酷日本”旋风的广泛传播，《日本经济新闻报》曾报道（2012 年 3 月 12 日晚报），由于日本流行文化日益深入人心，经济产业省将其确立为“日本品牌”，作为新的成长产业开始积极推进。具体来说，就是集合日本职业足球联赛(J. LEAGUE)或富士电视台等内容供应商，再和餐饮、零售、食品等行业的公司合作，强化在海外国家的推广。计划到 2020 年为止，把现在 7000 亿日元的海外内容销售收入提升到 2～3 兆日元。

日本职业足球联赛(J. LEAGUE)从本赛季开始将在泰国、越南、马来西亚、印度尼西亚及台湾地区的电视台播放，与此相配合，计划同时播放日本企业的电视广告。

另外，到 2013 年为止，富士电视台与泰国、越南、马来西亚、印度尼西亚及台湾地区的电视播放局共同制作和播放“料理的铁人”节目。

另一方面，对于日本明星偶像的海外推广，株式会社 Backstage Project 公司正在着手策划有关视觉系(Visual)的乐队组合。

在动漫或游戏方面，在海外人气颇高的日本内容商很多，但是基本上都是在单打独斗。出售与内容相关的书籍或者玩具会有乘法效应。经济产业省正在考虑通过强化内容产业和消费品关联产业的合作，力争海外销售收入的大幅度增加。

鉴于日式料理也大受欢迎，农林水产省也一直在尝试建立这方面的日本品牌。例如，大米的品牌或水果的品牌等如果能在世界立足，那么日本的农业就有可能通过非价格竞争的方式获得新的扩大。

我们期待这些政府官方的行动能在今后正式开展。

表9　在海外拓展市场的企业及其业务

企业名称	主要对象国家	内容
日本职业足球联赛(J. LEAGUE)	东南亚	比赛播放、足球教室
世嘉玩具公司(Segatoes)	欧美、亚洲	幼儿动漫播放及动漫人物推广
株式会社 Backstage Project 公司	南美、亚洲	视觉系乐队组合的音乐活动
富士电视台	东南亚	节目“料理的铁人”的策划销售
角川书店	欧美、亚洲	“keroro 军曹”动漫的播放及其动漫人物推广
森大厦	上海	在上海建造商业设施
NHK 节目制作公司	欧美、亚洲	使用在建筑物上投影的技术来策划活动
株式会社 Takara Tomy	欧美、亚洲	“变形金刚”的动漫新计划

6 第6章

畅销世界的日本人的生活方式

本章以衣、食、住等生活方式为主题来摸索日本如何复兴。在时尚领域,我们建议通过染织技术这一传统工艺作为向世界发声的新形式。在食的领域,我们关注日本食品在营养学上的价值。在住的领域,我们关注日本家电产品的细致入微。最后,通过向世界推荐这些生活方式,来吸引海外的富裕阶层来日本居住。

1

日本时尚向世界发声

大地震后，日本风格上演

2011年东日本大地震灾之后，世界时尚界为日本发声，送来了支援。例如，阿玛尼在2011年到2012年的秋冬季巴黎高级订制女装系列时装秀上，为表达对日本的敬意，特地设计了日本风格的系列服饰。他们并没有陷入陈旧廉价的异国趣味，而是以真挚的姿态表现了日本的美（以漆器工艺或黑留袖或友禅染等作为灵感出发点），让人有一种胸口发热的感觉。

因为这次的阿玛尼时装秀正好在大地震后举办，可能是特意发布了这一组特别的系列。但2007年春夏季巴黎高级订制女装系列时装秀上，迪奥（约翰·加利亚诺）发布了一组地道的新日本趣味歌舞伎风格的时尚设计，受到了极大关注。近些年，在法国等海外国家，就算是在街头漫步的普通人身上，也能看到今日日本风格的时尚。

作为秉承西洋传统的现代时尚产业，日本时尚界容易觉得日本的东西较为落后。实际上并非如此。回顾历史，日本的时尚元素时而被西洋时尚所借鉴，对西洋时尚产生了较大的冲击。

作为 19 世纪末 20 世纪初这一段时期的艺术思潮，远祖的日本风格出现了。实际上，好几个世纪以前，西洋女性从痛苦的紧身内衣中解脱出来，就是受了日本和服的影响。这件事在时尚界广为人知。以把女性从紧身内衣中解放出来而著名的设计师保罗·波列(Paul Poiret)从平面构成且直线型的日本和服中发现了一种新的美的形式，以此为契机，设计出了不需穿着紧身内衣的女性服装。

这之后的 20 世纪 80 年代，被称为“黑色的冲击”的川久保玲开始活跃于时尚设计界，对比利时的马尔达·马儿谢拉等现代时尚设计师的影响强烈。

瑰如珍宝的日本服饰文化

如今，人们对日本出现了新的兴趣。认为日本很酷的西洋人很多。经济产业省主导了“酷日本”和日本时尚周等活动。日本总算开始向世界大量宣传日本时尚了。代表日本流行文化的漫画或者动漫虽然备受关注，但其实日本还拥有比这些更为高端的、瑰宝一般的服饰文化。

然而，日本的服装产业早就丢掉了日本服饰制作的传统。和服早已不是日常穿着，这是无可奈何的，但是一般的服装产业或生产服装面料、缝制服装的领域也正面临着严峻的挑战。真丝面料越来越糟。从 2011 年 4 月开始，国家取消了真丝制品的补助金，日本真丝制品的逐渐消亡是可以预见的。在刺绣领域被誉为“人间国宝”的福田喜重氏却说过，日本刺绣的真正的美丽只能从日本的丝绸中表现出来。像他一样希望保护日本真丝产业的职业工匠不在少数。

日本的染织行业扎根于日本的风土人情之中，有着悠久的历史。友禅染、联合国教科文组织无形文化遗产的越后上布、小千谷缩、大岛紬(绸)等日本各地流传下来的传统染织技术正是从大自然给予日本的丰富的自然资源和水资源中孕育出来的。

友禅染是用鸭跖草的花汁描绘底稿，像画日本画那样用好几种色彩边描边染。为了不会出现褪色，要用高温蒸，再把鸭跖草的底稿和浆糊洗去；为了让颜色更美丽，需要用极为清澈的水清洗。以前，制作京友禅时能欣赏到鸭川的友禅流水的景观。另外，大岛䌷是因为奄美大岛的土壤中含有丰富的铁份，才能使美丽的泥染中透出暗含光泽的黑色。豪雪之地出产的越后上布是用当地的苧麻做原材料，织好的布匹需要在雪后晴朗的天气里进行漂白。白雪被日光照射后开始蒸发，此时会产生臭氧，才使布匹获得漂白的效果。整齐地摆放在白雪之上的越后上布的布匹本身就是一道美丽的风景线。世界上也只有日本才有这样的雪晒技法。

由于制作服装的据点移往了中国或者孟加拉国，日本产生了产业空洞化。日本的东北地区拥有许多重要的缝纫工场。在从东日本大地震复兴的过程中，日本的服装制作产业也必须一起复兴起来。这一过程还能创造许多的雇佣机会。如果再不采取措施，日本在世界上引以为豪的制造技术将逐渐丢失，日本的自然环境和风景也可能会一起丢失。现在是最后的机会。如果现在开始实实在在进行规划和管理，那么，原本就拥有世界高水平技术的东北地区以及日本的时尚产业将会复活并在国际竞争中长盛不衰。

职业匠人的高级品牌

从事服装产业管理工作的人必须充分理解日本文化的价值、日本文化中的美的价值，守护日本的染织文化以及日本的制造技术。如果只考虑经济利益，日本的美就会自然消亡。我们应该保护什么？应该传承什么？我们要从根本上扪心自问。通过这样的努力，我们就能够建立起强大的、引以为豪的日本品牌。我们不能只看重眼前的利益，应该放眼一二百年之后，实现日本服饰文化的传承和发展。意大利和法国之所以有很多高级品牌，也是因为这两个国家有很多高技术水平的职业匠人。

因此，教育是极为重要的。日本的服饰文化、世界的服饰文化、染织的传统技术等都需要通过教育传承下去。例如，设计师三宅一生说，现在正是开展教育的最重要的时候。他认为，要成为世界认可的新设计师，需要熟知外国文化和本国文化，这两点都是非常重要的。笔者认为，现在必须通过新设计师来输出传统染织的魅力并提出建议和方案。

2004年诞生于巴黎的道德时尚(Ethical Fashion)将会在今后具有更重要的意义。道德时尚并不仅限于使用天然材料的绿色时尚，还是一种理念，即扎根于当地的传统技术并基于这些传统技术开展新型的制造活动。如今，世界各国的人们都倾向于穿同类型的衣服，然而随着道德时尚的进一步推广，世界时尚界说不定会越来越个性化。

面向未来，展现新想法

日本国内已经出现了好兆头。日本年轻一代的设计师中有勇敢地迎接新挑战的人，他们把日本传统的染织融入现代风格。也出现了高度重视“Made in Japan”的年轻设计师。而且，较为封闭的职业匠人圈也开始重视培养新人。还涌现出一批职业匠人，他们虽然注重传统却不固执，不断的创作出感觉不同的摩登作品，在海外时尚界也得到了较高的评价。例如，从绳文时代就出现的藤布，只有极少人懂得其制作技术，小石原将夫就是其中之一。他制作的藤布作品受国际顶级面辅料展览巴黎首映视觉展览(Premiere Vision Paris)邀请参展，在世界上得到极高的评价。另外，馆鼻则孝氏为美国歌手嘎嘎小姐(Lady Gaga)设计的“没有跟的高跟鞋”可谓是制鞋历史上的革命性设计，现在已有接到了全世界的大量的订单。

我们应该致力于让每个日本设计师都能在世界时尚界表现活跃并让媒体多报道日本设计师的表现，同时更加努力地培养人才。我们期待的不是表面上的日本化，而是日本的服饰文化向世界发出具有深度的信息。我们应该对日本和世界的未来高瞻远瞩，培养具有扎实的理念、哲学的思考、时尚的美感的人才。我们必须这样管理时尚产业。

如果我们能以新的构思来活用让我们引以为豪的染织技术和服装制作技术并以此建立起独一无二的休闲品牌，那么日本的时尚产业就能拥有光明的未来了。

2

日本的饮食文化将成为商机

2015 年将有 23 亿成年人体重超标

2012 年，世界上的肥胖人口已经超过了 5 亿；据世界卫生组织(WHO)统计，2015 年有 23 亿成年人体重超标，肥胖人口超过 7 亿。对比欧美和日本的肥胖人口比例：欧美各国的肥胖人口约占 30%，日本的肥胖人口仅不到 4%。近些年来，在发展中国家中，饥饿导致的肥胖也成了大问题。体重超标或肥胖、高血压、高胆固醇早已不仅仅是先进国家的问题，已成了全世界共同面临的问题。为此，我们建议积极地向全世界推广健康的日本饮食文化，并寻找与此相关的商机。

1996 年，肥胖和生活习惯病的增加使美国的医疗费剧增，甚至到了压迫国家预算的地步。为了解决这一财政危机，美国国会设立了“营养和人类需求的相关上院特别委员会”，作为医疗改革的一部分。该委员会发表了题为《美国饮食目标》的营养指南，对各国的饮食文化和营养状态进行了调查，并且用报告书的形式发表了调查结果。该报告书以美国上院议员乔治·斯坦利·麦戈文(George Stanley McGovern)的名字命名,被称为“麦戈文报告”。该报告指出,“生活习惯病多发的原因是以肉食为中心的错误的饮食文化”,认为“减少高脂肪的食品、糖分、盐分,增加碳水化合物”是饮食文化的目标。该报告书在世界范围内引起了巨大的反响。之后,欧洲也发表过相似的报告。在这些调查报告中,日本20世纪70年代左右的饮食生活恰好就是理想的饮食生活。

糖尿病、高血压、脂质异常被称为三大生活习惯病。即使在日本,这三类生活习惯病患者的人数也增加得很显著。究其原因,“饮食欧美化”是其中之一,因而社会上才会出现回归传统的和式饮食生活的呼吁。日本人健康长寿,是因为日本人的饮食以大米为中心,辅以蔬菜、大豆等植物性食品或者鱼类。第二次世界大战之后,日本人开始摄入肉类、蛋类、乳制品等动物性食品,实现了营养均衡的饮食结构。“欧美型饮食”中一天中所需能量的一半来自脂肪摄取,以肉类食品为中心,而“日本型饮食”中摄取的碳水化合物的比例较高,脂肪的比例较低,以大米为中心,自然更为健康,因此受各西方国家广泛关注。近年来,日本人的脂肪摄取量增加,导致碳水化合物摄取减少,向“欧美型饮食”靠近,这确实让人忧虑。

即便如此,日本仍然是世界上少数的长寿国家。从生活习惯病预防的角度来看,日本的饮食文化获得了广泛关注,即主食以大米为主,辅以动物性食品和植物性食品,平衡摄取营养。日本人把饮食称为“吃饭”,一贯认为主食米饭是饮食中的重要组成元素。欧美人是没有主食这个概念的,这是日本人所特有的。米饭、面条、面包等碳水化合物或供应蛋白质的谷物为主食;菜分为主菜和副菜，鱼类、肉类、蛋类等高蛋白质的包含脂肪的食品作为主菜，富含维生素、微量元素、食物纤维的蔬菜、薯类、海草类、豆类作为副菜。这种“主食＋主菜＋副菜”的形式自然而然地构成了营养均衡的饮食结构。欧美人的饮食以肉类为中心，在此基础之上添加 2～3 个蔬菜类的菜品。他们虽然也吃谷物类，如面包，但只不过是一两片而已。“欧美型饮食”的问题在于，从动物性食物中摄取了过多的脂肪，导致从谷物中摄取碳水化合物的数量过少。

营养均衡的套餐

近年来，“BEMTO”（便当）风靡欧美各国。据说，“BENTO”这个词已成为英语中的一个外来语单词。书店中，“BENTO”菜单排列得整整齐齐；商店里出售各种绘有卡通人物的便当盒。法国的女性杂志称“BENTO”比三明治更好看、更健康，甚至出版了相关专题的杂志特辑。日本便当收获巨大人气的原因是其可设计性、健康、经济。

便当是日本饮食文化的缩影。在尺寸固定的饭盒内把米饭和菜品排列得色彩鲜艳，同时考虑营养均衡。据日本女子营养大学名誉教授足立已幸氏所说，只要准备一个容量与自己一天所需能量（卡路里）相符的便当盒，其中一半空间放主食，剩下一半空间的三分之一放主菜、三分之二放副菜。这样做便当的话，即使不计算营养价值，也能够均衡地摄取营养，还能增加饱腹感。原因是，在粒状米饭之外加上富含食物纤维的植物性食品，就需要细嚼慢咽，咀嚼得越多，吃饭时间就越长，也就越容易获得饱腹感。开始吃饭以后，血糖会慢慢上升，15～20分钟后，信号会传达至大脑的饱腹神经中枢。研究表明，不经过细细咀嚼而囫囵吞枣，即使进食同样的数量，“吃饭快”的人更容易肥胖。另外，便当中均衡地含有碳水化合物、蛋白质、脂肪，因此比面包或面条的单一饮食结构来说需要更长的消化吸收时间，更易有饱腹感，不太会让人想加餐。

一般来说，没有营养学知识的人要在点菜时达到营养均衡是有一定难度的。但日本的便当可以让任何人都能简单地做到营养均衡的健康饮食，是一种极有深度的饮食方法。

套餐式饮食的主食以米饭为佳。米饭不像面包或面条那样会使用油或盐进行调味，而是直接食用，虽然口味清淡，却能嚼出香甜的味道，还能和任何小菜相配。而且，白米饭能和任何颜色的食物搭配。可能找不到比米饭更适合作主食的谷物食材了。

日本的饮食文化可以渗透进欧美

日本女子营养大学教授五明纪春氏在其著作中有如下的内容：“就像语言中有主语、谓语、宾语一样，饮食之中也有文法。‘米饭和菜品’，也就是‘主食和副食’的组合，是日本饮食的基本，正是‘饮食的文法’。”与欧美的饮食文化有所不同的是，以主食为中心的日本独特的“饮食的文法”可以基于人类的饮食特性加以思考。

宫崎大学的名誉教授岛田彰夫氏曾经这样记述，人类和其他动物相比，特点之一是人类能分泌更多的用于分解谷物的主要成分淀粉的消化酶（淀粉酶）。狮子、老虎等食肉动物不分泌淀粉酶，牛这样的食草动物虽然也分泌淀粉酶，但其活性极弱。以谷物为主食的人类拥有能高效地消化吸收淀粉的消化系统。

现在以肉食为中心的欧美人在 500 年前也曾以面包等淀粉食物作为主食，以肉食为主大约是在 19 世纪后半期。以谷物为主的饮食方式不太会使人类的身体产生不适。实际上，日本国内大米的消费数量在不断减少，而先进国家却为了美容和健康而不断扩大大米的消费——日本国产大米的海外出口数量正在增加。

2009 年，日本政府观光局（JNTO）对访日的外国旅行者共计 15355 人进行了调查。结果显示，来日本的观光客在访日之前最为期待的是日本的饮食。“日本的饮食质量高、味道好”“日本的饮食对健康有益”，在世界上获得了极高的评价。我们期待着日本式饮食生活能创造出新的商业机会。

3

让日本人引以为豪的创造舒适生活的技术力量

日本产品的设计细致而贴心

一直以来，性能好都是人们对日本产品的评价。来日本的游客都会购买喜爱的日本产品带回去，因为日本产品性能优异、不出故障。佳能的相机、索尼的便携式收录机（walkman）和小型录像机等产品曾是游客们必买的产品。近几年，亚洲来的游客普遍会购买家用电器产品。

来自中国的团队游客在东京都的家电大卖场里抢购买高价的电饭煲，这已经不是新闻了。在农历新年的春节假期中前来日本的游客在银座的家电大卖场争相购买着电饭煲、美容家电、带自动温水冲洗功能的马桶盖，这也不是鲜见的场面了。有人一次性购入了好几台 10 万日元的高价电饭煲，据说是为亲戚们代购的。游客们的评价是“日本的电器让人放心”。

使用日本的电饭煲，能将任何品种的大米都烧成美味的米饭。

日本电饭煲还拥有多种功能，可以煮白米、菜饭、粥，能快速煮饭，能自动煮出锅巴，其保温技术不会使米饭产生异味。日本的电饭煲不容易产生故障，构造设计人性化，有能够将电饭煲的各个部分拆下清洗。此外，家电大卖场里还有带蒸汽功能的微波炉和烤箱、果汁机、粉碎机等，都具有各种贴心的功能。如果以大米为主食的亚洲地区或其他和日本有着相类的饮食文化的国家都喜欢这样的日本产品，那么日本的厨房小家电将在亚洲获得巨大的市场。

日本还有许多与电饭煲一样拥有各种贴心功能的小家电，例如能够抑制花粉和室内尘螨、控制室内湿度、具有空气净化器功能的加湿器以及高性能温水坐便器等，这些家电产品都能使我们的生活更加便利和舒适。日本的家电企业会无微不至地考虑消费者的需求，可谓是痴迷于研发更多功能的家用电器产品。那么，这些产品究竟是否会被日本以外的其他国家的消费者所接受呢？

日本是个岛国，地形狭长，国土面积小，人口密度高，因此日本人设计了许多小巧便捷的电器产品，使居住环境更舒适、生活方式更便捷，这也体现了日本人对于极致的精致的追求。这些产品也许不会马上席卷整个亚洲或世界，但是这种追求却有可能慢慢地向世界市场渗透，赢得消费者的共鸣。

呼吁清洁的生活

日本产品能够得到全世界消费者的认可，其突破口大概就是温水坐便器了。根据 2010 年 3 月内阁府发表的统计数据，温水坐便器在日本国内家庭的普及率达到了 71.6%。1964 年，日本东洋陶器公司(即现在的TOTO)从美国进口了温水坐便器(Washlet)并开始在日本国内销售。日本于1969年实现了温水坐便器国产化,于1980年开始销售第一代温水坐便器。之后,温水坐便器在日本国内外的合计销量为:1998年1000万台,2005年2000万台,2011年突破了3000万台(根据TOTO官网)。

虽然温水坐便器不是什么必不可少的东西,但在日常生活中经常会用,而且用过一次就想一直使用。日本生产的多功能温水坐便器符合人类生理需求和本能,不会被时代潮流所淘汰,是销量第一的日本产品。

温水坐便器这一产品使人们对日本的小家电产品的信赖不可动摇。如果日本的其他家电产品也能够走向亚洲、走向世界,不就能形成良性循环了吗?日本人对精致和清洁的追求一定会给消费者留下"好东西"的印象。

所有电器的消费最终都是电力的消费。在去核电化的潮流中,家电产品是电力消费的大头。为了使产品行销世界,需要创造出一个类似太阳能电板的以住宅为单位的发电、用电系统,这就是智能住宅的思想和技术。我们必须把智能住宅作为一个整体产品向市场推广,而不是仅仅销售零散的产品。在东日本大地震和核电事故之后,我们应鼓励研发小规模发电技术,树立一个处处都"不浪费的国家"的形象。

在建筑技术方面,由于日本是地震频发国家,我们拥有过硬的抗震、耐震技术,可以面向那些位于环太平洋地震带上的国家进行推广。无论如何,今后日本向亚洲或全世界销售的是日本特有的"精致而清洁"的生活方式以及以此为核心的技术过硬的产品。

当气候和风土不同时，人们对于舒适度的要求也有所不同。但是，只要人类不断地追求清洁、健康、放松的生活方式，日本的整体卫浴产品就会有巨大的市场潜力。不过，由于整体卫浴是为小住宅而设计的高性能卫浴设施，所以只适合人均居住面积小的国家或对湿度的控制有要求的地区，而不适合独立别墅。特别是，我们要对当地居民开展盆浴的启蒙教育，需要告诉他们，悠闲地把身体浸泡在温水里的入浴方式不仅对健康有利，还能放松身心。

要感到舒服就要尽可能地接近人类的本能。日本的温泉旅馆之所以吸引着无数的游客，就是因为能让人们感受到身体浸泡在温水中的舒适感。

在各种各样的领域里同时推广日本的独特之处，来争取日本经济的再生，就会如日本谚语“风一吹卖木桶的就会大赚”所说的那样引起连锁反应，如从电饭煲和温水坐便器到整体卫浴再到温泉观光旅行。我们希望，日本有一天能以高技术和软实力作为跳板，向世界飞跃。

4 日本人的健康长寿世界第一

平均寿命排行榜

世界的平均寿命是男性 66 岁，女性 71 岁，男女平均 68.5 岁（根据 2009 年的世界卫生组织的平均寿命排行榜）。2013 年，日本男性的平均寿命为 80 岁，女性的为 86 岁，男女平均为 83 岁，远远超过了世界卫生组织的平均水平。在世界男女平均寿命排行榜上，第一位是日本和圣马力诺共和国（83 岁），第二位是安道尔公国、澳大利亚、冰岛、意大利、摩纳哥、瑞士（82 岁）。可见，绝非经济大国的平均寿命就更长。日本从 1985 年以来一直都是男女平均寿命世界第一位，但是，瑞士在 2005 年超过日本，成为世界男性平均寿命最长的国家，2010 年至今，世界男女平均寿命排名变成了瑞士、日本、意大利、加拿大。现在的世界女性平均寿命排行榜中，日本仍然排在第一，接下去是法国、意大利、瑞士。日本是世界第一的长寿国家，也是老龄化程度世界第一的国家。

近年来，“健康寿命”日益受到关注。“健康寿命”是指“完全健

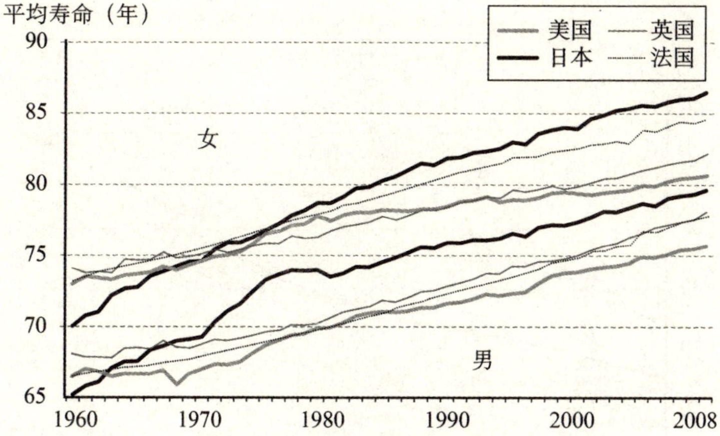

图 6　主要国家的平均寿命

康”的“剩余生命”，即与其卧病在床，不如考虑“如何能自立而健康地生活”，过有质量的生活。对此，各国提出了各种各样的指标。“健康寿命”至今还没有国际化标准，但是，根据 2010 年世界卫生组织发布的数据，日本男性的健康寿命约为 73 岁，女性的健康寿命约为 78 岁，位居世界第一，之后是瑞士、意大利、冰岛。

那么，日本人死亡的主要原因是什么？图 7 是自 1947 年起的死因和死亡率。1947 年时，死因以肺结核为主，肺炎、肠胃炎等感染症状死亡的人数较多。在这之后，经济高速增长，人们的生活水平不断提高，随着公共卫生的进步和医疗技术的发展，日本现在也和其他国家一样，由于恶性新生物或者心脏疾患、脑血管疾病等生活习惯病而导致死亡的人数超过了全部死亡人数的 55%(见图 8)。这些数据说明，威胁人们健康的“元凶”存在于人们的生活方式之中。尤其需要注意的是，自杀人数一直在 24000 人左右，1998 年

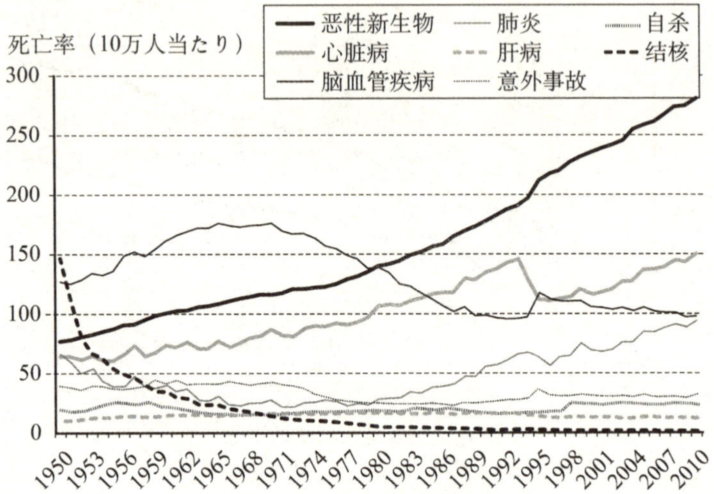

图 7　不同死因的死亡率的变化

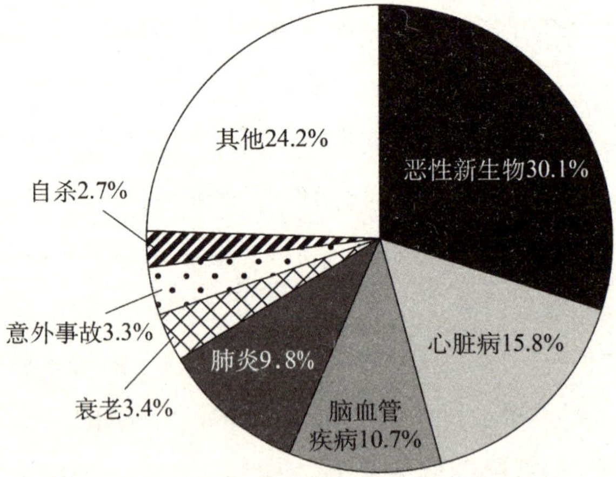

图 8　主要的不同死因占死亡总数的比率(2010 年)

以后却持续超过了 30000 人。这是一个较严重的问题。按年龄段分析，15 岁至 39 岁的自杀者最多，40 多岁其次。

健康生活是日本的强项

如果研究一下有关平均寿命、健康寿命、疾病构成等卫生统计数据，日本在这些方面无疑是领先世界的。日本的医疗水平也具有极高的水准，有数据显示排在世界第一位。根据世界卫生组织 2010 年发表的健康达成程度的综合评价数据，日本位于世界第一，被称为福利大国的瑞典则位于世界第三。而且，日本的国民负担率（是指国民的缴税负担和社会保障缴纳负担与国民所得的比率）在先进国家中仅次于美国，这意味着国民能以很少的负担来维持健康。这是低比率国家能够给国民带来的福利。

2011 年，日本开始推进"智能生活项目（Smart Life Project）"。这个项目以企业为主体，普及和发展"适量的运动（Smart Walk）""适度的饮食生活（Smart Eat）""禁言（Smart Breath）"这三个政府推荐的生活理念，通过商品或者服务等企业活动，让运动和保持健康的意识渗透人心。这是新目标。

虽然日本还存在许多问题，如青少年的自杀问题、国债、年金问题等，但日本已经形成了健康立国的理念，这是世界上少有的。

最后介绍一下老化制御医学专业的白泽卓二教授所提倡的延长寿命的 10 个生活习惯：（1）一日三餐，不缺早餐；（2）多吃鱼；

(3)蔬果“7”原则，即蔬菜5碟加水果2碟；(4)摄入抗氧化物质，如多酚、大豆异黄酮等；(5)喝酒就喝红葡萄酒；(6)每餐八分饱，进行卡路里控制；(7)定期而持续的运动；(8)有话就说不压抑；(9)每天释放压力；(10)记录今天的自己。

5

吸引海外富裕阶层和人才

建立巴黎-纽约-东京的流动路径

19 世纪，欧洲全盛的时代，人们前往巴黎聚居；20 世纪，美国处于世界巅峰，人们又向往纽约。那么，今后的人们将会被哪座城市的魅力而吸引呢？从欧洲迁往美国之后，接下去难道不是去亚洲吗？在亚洲，有机会的会是东京还是上海？

在少子化成为一大问题的同时，人们的流动性也提高了。根据自身的价值观来选择住所或到想住的地方居住，这种自由已经得到了广泛的尊重。

居住在东京是极为舒适的。食物很美味，娱乐活动也很丰富。东京海纳百川，拥有多样的元素，而且其规模经济效应也在巴黎和纽约之上。

由于少子化加剧，日本国内消费市场的缩小不可避免。如果我们能把日本建设得越来越繁荣，就像麦加圣地那样，就能吸引海外的富裕阶层和人才来东京或京都长期居住。即使无法让他们长期居住，也要设法让他们每年在日本度假几个月。

中国和印度总人口将达到30亿，如果这30亿人中有2%的富裕阶层，就有6000万人口，如果这些人每年平均花两个月的时间在日本居住，就会出现一个1000万人口的市场。这些人在日本居住期间一定会带来大规模的消费活动，这就能出现一个超过日本人口减少的巨大市场。这样就会形成一个产业集群的良性循环。我们的生活乐趣就在于饮食、文化活动、购物等，这些市场会随之高度集群，从而吸引客源，然后进一步扩大产业集群。东京的魅力就在于多样性和规模，拥有覆盖各行各业的产业集群。

新干线让你轻松拥有两个家

最令日本人骄傲的基础设施之一就是新干线。要想充分体验日本的乐趣，不仅要去东京，还要去各个地级市。如果海外的富裕阶层想充分感受日本的魅力，那么可以搭乘新干线，随意在东京和喜欢的城市之间往返。要知道，新干线从未发生过事故。

我们希望吸引一些欣赏日本文化的富裕阶层来日本。例如，约翰·列侬每年夏天都都会去轻井泽，这是众所周知的。从东京到轻井泽，一个小时就能到达，完全可以随时来回。七八月间，在东京工作、在轻井泽居住，这样的生活方式目前绝对能够实现。

到2014年底，开往金泽的北陆新干线也将通车，只需要2小时25分钟左右就能从东京到达金泽。越来越多的人住在金泽而工作在东京。中国人非常喜欢箱根和热海的温泉。他们可以在东京和热海两地都购买房产，搭乘新干线来回，或者在东京和箱根都购买房产，搭乘小田急特快列车来回。此外，人们对于雪国还是很憧憬的，因此在东北、山形、秋田等新干线沿线城市和东京两地居住的人不在少数。

希望磁浮新干线能早日开工、早日开通。从生产的角度考虑，连接东京和大阪很有必要，但从消费和文化的角度来考虑，连接东京和京都也是必须的。

东京是个具有顶级现代都市魅力的城市。京都是个拥有 1200 多年历史的文化古都。东京和京都都是让日本人引以为豪的世界“顶点”城市。若能只花一小时就从东京到达京都，相信能够吸引更多的富裕阶层定居日本。政府应以此定为国家战略，尽快实施，这也是日本皇室对外显示诚意的项目。在日本列岛内用安全的新干线、磁浮新干线将各地串联起来，这是日本独特的基础设施，也是吸引富裕阶层定居日本的一个重要因素。

吸引海外富裕阶层定居日本的战略

为吸引海外的富裕阶层定居日本，我们需要考虑到以下几点：

（1）避免对富裕阶层不利的税收体系

这是最难获得国民一致认可的事项，但却极为重要。对富裕阶层来说，税收制度是选择居住地的重要考虑因素。最起码，我们不能使税收制度成为吸引他们定居的不利因素。

（2）安心、安全的保证

我们还要确保生活的便利性。此外，日本频发地震，提高建筑的耐震性和抗震性也很有必要。

(3) 扎根于健康、长寿的形象

富裕阶层中老年人相对来说更多一些，而能够健康长寿是所有老年人的梦想。日本是长寿大国，这对于老年人来说是最根本的吸引力。我们要给人们留下这样一种印象，即只要模仿日本人的生活，就能够长寿。此外，我们可以通过发展医疗和健康服务来增加富裕阶层对日本的期待。希望世界各国的富裕阶层都来日本养老。

(4) 提供理想的饮食生活

奢侈的日常饮食生活是富裕阶层的生活方式。但是，以肉食为中心的欧美式饮食生活对健康不利，世界上已经掀起了一股“和式饮食潮流”。兼具美味和健康是“和式饮食”的强项。

日本饮食的特征在于，在日本可以享受到一定水准之上的世界各国的料理。这是相当具有竞争力的一个特征。

在日本居住过一段时间以后，人们都会喜欢吃米饭。而且，喜欢日本酒的人也很多。事实上，日本酒的出口数量在不断增加。毫无疑问，日本的饮食是吸引外国居住者，特别是富裕阶层的重要原因。

(5) 文化活动的乐趣

各种文化活动是富裕阶层的重要生活乐趣。巴黎、纽约每天都有大型戏剧上演，文化活动十分丰富多彩。东京的一大优势在于音乐会。文化活动的魅力是一座城市的重要竞争力。

(6) “国际日本语”和日本式礼仪指南

在日常生活中，沟通交流非常重要。如果能推行一种“容易而美丽的国际日本语”，就能极大地降低居住在日本的门槛。另外还要建立一些日本礼仪学校，教授日本的语言和礼仪。为了让人们更方便地融入日本社会，出版生活指南也是很有必要的。

(7) “24 小时型”城市环境

当然，富裕阶层中的职场人士也不少。为了使他们生活得更为舒适和便利，需要整个城市 24 小时为他们提供服务。新加坡就是这方面的好榜样，值得我们学习和借鉴。

以上 7 项是最起码的，但我们尚未做到。通过我们不断的努力，希望外国富裕阶层越来越多地来日本定居。

专栏

保护日本的品牌

品牌是无形的，很容易被模仿。为了让日本品牌在国际上进一步扩大影响力，需要在海外也建立一个能维持品牌价值的体系。

根据 2002 年发表的《知识产权战略大纲》，日本政府设置了知识产权战略本部。此后，知识产权立国成了日本的目标。在日本，产品被模仿的问题十分严重。当然，这在世界上也是一大问题。根据日本专利厅的调查，日本企业在 2009 年度由于产品被模仿，受损总额达 1083 亿元，而前一年的受损总额只有 1072 亿元。从不同知识产权的被模仿率来看，商标被模仿的概率较高，并有增加的倾向。

日本政府在 2005 年鹰谷峰会(G8 Gleneagles Summit)上建议建立法律框架来防止仿冒产品占领市场。2011 年，日本与澳大利亚、加拿大、韩国、摩洛哥、新西兰、新加坡、美国共同签署了“关于防止伪造仿冒产品交易的协定”(ACTA)。ACTA完善了“有关知识产权的贸易相关侧面的协定”(TRIPS 协定)。ACTA 签署的意义在于提高了 TRIPS 在有关损害赔偿方面的实效性。TRIPS 协定的第 45 条是有关命令司法当局判决对知识产权的侵害者支付赔偿金的规定，但是由于证明损害金额较为困难，因此受损方往往难以得到足够的赔偿。

ACTA 第 9 条规定，在决定知识产权侵害的赔偿金额时，各个签署国家的司法当局可以按照以下方面进行考虑：失去的利益、按照市场价格算定的侵害物品或服务的价值、包含希望零售价格在内的权利人提出的正当价值计算标准(第 9 条第 1 项)。

另外，在著作权或商标被不正当地使用的时候，各个签署国家必须让司法部门判决造成侵害起因的侵害者向被侵害者支付因侵害获得的利润，还规定各个签署国家可以推定侵害者的利润作为向被害者赔偿的金额(同条第 2 项)。这样就能进一步对品牌进行保护了。

知识产权战略本部发表的“知识产权推进计划 2011”中提出了以下战略：国际标准的提升战略、知识财产创新竞争战略、最先端数码网络战略、“酷日本”战略。其中，“酷日本”战略相关产业的市场规模的目标从 4.5 兆日元(2009 年)增加到 17 兆日元(2020 年)。日本政府为了保护日本品牌的价值，呼吁以亚洲国家为首的多个国家加入 ACTA 协议。笔者认为，一边保护日本的品牌价值，一边积极地活用日本的品牌价值，才是日本经济再生的关键。

第7章

从区域启动日本再生

本章指出，旅游业是日本复兴的切入口。首先，本章讲述日本政府设立观光厅的原委，即政府认为日本再生的目标应该是以居民主导的观光立国。其次，本章以京都的岚山为例，探讨通过日本式的旅游观光来振兴经济的方法。并无特别之处的岚山为何能成为日本屈指可数的观光胜地？在分析岚山受欢迎的原因之后，我们建议，为了吸引全世界的富裕阶层前往岚山居住，应开通直接连接桂离宫和岚山两地的特别贵宾列车。

1 观光立国的实现

旅游业是一个涉及广泛的产业

最近经常听到“观光厅”这个名字。你们知道“观光厅”这个行政部门负责什么吗？主管旅游的行政部门长期以来都不过是隶属于运输省或者国土交通省的一个部门。随着旅游业的日益重要，设立“观光厅”成为旅游业内人士的愿景。我们希望更多的人知道观光厅及其出台的相关措施。

首先，旅游业不仅仅是酒店业、交通运输业、餐饮业、零售业，而是一个与所有产业都相关的产业。例如，2009 年的旅游消费金额(22.1 兆日元)所带来的产值为 48 兆日元(占日本国内生产总值的 4.9%)，包括经济波及效果和生产波及效果，雇佣诱发效果也达到了 406 万人(占全国就业人数的 6.3%)。(参见日本观光厅编：《平成 23 年度观光白书》)

旅游不仅能影响日本的经济、雇佣和地区的活力，还能促进交流人口的增多和国家间的互相理解。另外，正如“旅游是通往和平的护照"，它还有助于保障国家的安全。不能简单地把旅游和旅行切割开来，旅游业是国家新成长战略的一大支柱，同时也是诱发地区经济活力的王牌，已然成为地区综合实力的试验场。作为 21 世纪的引领产业，旅游业今后将在日本经济社会的发展中扮演不可或缺的角色。

2003 年《观光立国宣言——建立一个宜居宜访的国家》是旅游业得到国家重视的标志。2007 年 1 月，《观光立国推进基本法》开始实施，同年 6 月，"观光立国推进基本计划"通过内阁审议。实现观光立国是 21 世纪日本经济社会发展的重要的国家课题。为了实现"观光立国"，我们需要举国之力，官民一起合作、努力。2008 年 10 月，观光厅成立，作为一个综合性的推进部门及国土交通省的一个外局。目前，观光厅的工作人员约为 100 人，不算一个大型部门，专门负责在海外进行日本旅游宣传和访日外国游客引导等工作。

观光厅的成立使我们能更独立而迅速地与外国政府开展高层级交涉，推动各种政策实施。在日本国内，观光厅在各个政府省厅之间做调整工作，把各个政府部门串联起来，使那些涉及多个省厅的政策能实施得更为顺利。更重要的是，观光厅的成立使日本国内外的旅游窗口整合统一，信息和功能也一元化。从各个方面来看，日本的旅游业方面的行政工作都是前进了一大步。

那么，观光厅具体负责哪些工作呢？它负责的工作可以分为两大类：一是国际观光的促进。大家一定听说过"访日推介活动（Visit Japan Campaign）"吧？观光厅向世界宣传日本的魅力，力邀外国人访日旅行。二是振兴日本旅游业，争取以此来激发地区的活力。

除此之外，观光厅还有培养人才、支援建立旅游景点等工作，

2010 年 12 月，日本政府观光厅长官出席迹见学园女子大学旅游管理学科开设纪念研讨会。

还承担了与旅游业有关的一切协调性工作。

观光厅还是与各省厅部门合作商议的场所，适时召开“观光合作企业联合体”会议。例如，观光厅与外务省的合作是通过各国大使馆的宣传部门实现的，与文部科学省的合作是通过文化观光或体育观光实现的，与农林水产省的合作是通过绿色旅游和饮食文化领域实现的，与环境省的合作是通过环保旅游项目实现的，与经济产业省的合作是通过产业观光或电影观光实现的，与厚生劳动省的合作是通过医疗观光实现的。观光厅正在力推各种形式的合作。除此之外，观光厅还力推多种多样的观光形态，例如在促进外国游客来日旅游方面，健康旅游、体育旅游等颇有成效。

不仅要吸引游客，吸引企业访问日本也很重要。“MICE”是商业旅行的一种形态，即会议（Meeting）、公司奖励旅游（Incentive tour）、大会（Convention）、展会活动（Event/Exhibition）。这类商业活动不仅会带来大量人员的来访，而且每位与会者的平均消费比一般的游客更高，所以我们积极吸引此类活动来日举行。

2011年的东日本大地震之后，观光厅需要解决的首要问题就是恢复人们对日本的信心，对来日旅游感到“安全和安心”。大地震后，观光厅立即在日本政府观光局的官网上对外国游客播报灾害消息。发布的消息全部经过证实，并且还用英语、中文（简体、繁体）、韩语发布，还有不同地区的消息，每天更新。除此之外，观光厅还积极提供“今日日本”的相关信息，同时播放海外著名人士访问日本的宣传片等，有战略性地、有效地发送信息并且进行推广。

观光厅的另外一个任务是“国内旅游的活力”。地震发生后，对地震受害情况进行辟谣是迫在眉睫的任务，而如何把日本国内的个人消费与旅游需求联系起来才是长远问题。观光厅举办了“‘加油！日本’国内旅行振兴活动”，同时从2012年3月开始举办为期一年的“东北观光博览会”以促使东北地区旅游业的复兴。通过以上举措，争取在短期内唤起东北地区迅速跌落的旅游需求，在中长期内实现以地区为主体的新型观光模式。观光厅把东北全境设为博览会的会场，由官民合作举办。

观光厅刚开始运作的时候曾被寄予“不拘束于传统的框框，建立一个不像政府部门的政府部门”的厚望，决心创造一个拥有新意识和新组织文化的新组织，从而设定了“观光厅的理想”。此理想由观光厅的理念和行动两个部分组成，其中，行动宪章“观光厅五条”定下了五个项目（见日本观光厅官网）。如今，观光厅推动“观光立国”，起草和设计观光景点，是一个“不像政府部门的政府部门”。不过，观光厅在旅游业以外的知名度和认知度尚且不高，这也是事实。

没有东北地区的复兴就没有日本的复活和再生。从某种程度上讲，现在日本的经济发展已经停滞。旅游业很可能成为日本再生的突破口。旅游业能获得人、物和钱的流入，从国家的角度看是从海外流入，从地区的角度看是从地区外流入，因此能为全国的各地区注入活力。而且，旅游业的发展能使当地人重新发现家乡的魅力，重新找回骄傲和自信。把所有产业整合在一起，让日本重燃活力，最好的办法就是旅游业。

观光立国的新思考

以观光立国的想法为前提，我们有以下的思考。首先应以当地居民为主导，争取把日本各地都建设成宜居城市，然后充分利用当地的各种资源和当地居民的各种创意，开展社区设计和观光设计，千方百计地吸引世界各国的游客并热情款待。

在泡沫经济破灭之前，日本东京的旅游公司会突然收购某块土地并赶走当地居民，这种“居民不在型”的全国统一开发方式是当时开发旅游景点的主流方式。这种开发方式就像原来社会保险厅随意乱花年金一样，不考虑盈亏，接二连三地乱开发，最后不得不以近乎免费的价格把项目出售给私人企业。如今，政府开发到一半即放弃的烂尾项目遍布日本全国各地。

过去的旅游开发项目中会建造巨大的箱式建筑来吸引游客，但支持这些开发项目的庞大的资本力量却没有留下丝毫的痕迹。不要说企业，连国家和地方的金融机构都没有留下痕迹。今天，观光立国的新主角应该是社区。就如观光厅的理念所说，“支援地方上自律性的观光胜地的建设”不仅仅是当地居民的责任，当地的企业、团体也也应该为当地旅游业的设计、管理和城镇建设贡献一份力量。当地居民必须要了解自然、历史、传统、文化、风俗、艺能、产业等当地的有形资产和无形资产，了解它们的魅力和价值，并引以为豪；要学习历史、继承遗产、培养良好的教养，以营造出一个真心待客的氛围；要重新认识当地旅游资源的价值，积极发掘能让游客得到享受的资源，再加以创意和设计，赋予其新的魅力，使当地居民拥有健康的、具有文化特色的生活和职业。居民们对自己所住的土地充满骄傲和爱，并向国内外的游客积极介绍其魅力，使游客们产生共鸣。这种旅游项目的开发方式能激发一个地区的活力，现在正在全国各地极力推广。

现在，国家政府和公共团体不能再像过去一样推行全国统一的商业模式了。国家政府也不是金主，国库并不充盈，不能无限制地使用资金。我们不能再指望政府了。观光厅等政府部门的作用仅仅在于正式认定并奖励优秀的范例并且向全国介绍这些成功经验。观光厅应该努力成为一个值得信赖的支援性团体。为落实观光立国政策，如何建设和运营旅游配套设施，这是没有标准答案的。在东京的江户使用一种办法成功地招徕了游客，到长崎就不一定能成功。如果全日本都照葫芦画瓢地建造同一种设施，如游乐园、海滨公园、高尔夫球场等，那只会重蹈30年前的覆辙。但是，为了省钱而建设各种“街头吉祥物”“B级美食”等，这也是不行的。每个地区必须充分认识自己的特色，仔细推敲独特的旅游战略。这就需要当地百姓同心协力，当地政府展现领导力和管理能力。

2

成功案例：京都岚山

在制定旅游政策时没有秘诀，介绍一些成功案例应该是最有参考价值的。笔者想在这里介绍的案例是京都的观光胜地嵯峨野·岚山，这个景点被外国人称为“日本的颜面”，人气爆棚。作家井上靖曾经诚实地写道：“对岚山这个天下为之喧嚷的名胜之地，我从未觉得它有那么美丽。”岚山的风景并没有什么特别之处，虽然被称赞像典型的日本画一样美，其实只不过就是山的旁边有一条河流。像这种“山明水净”的风景，日本各地都有。现在琦玉县出了个“武藏岚山”，其他地方也有很多以“岚山”命名的景点，但京都的岚山景区从未对此提出异议。事实上，日本还有很多“小京都”。只要这些副牌能提高主牌的品牌价值，不进行恶性竞争，主牌还是乐见其成的。

要把观光立国的主要目标游客集中在外国富裕阶层上，就必须研究这些人的喜好。根据国土交通省等部门在国内（京都和金泽）和海外分别进行调查的结果，欧美的富裕阶层主要对有当地特色的饮食、传统工艺、美术等有兴趣，希望能够获得一生一次的旅行体验，也愿意花钱来接触当地的文化精髓，这样回去后就能向人炫耀了。这些人的年龄在50岁到60岁左右，他们对日本文化的造诣颇深，认为不去日本就难以体验到日本独特的和式饮食、节日、美术、艺术、工艺、传统艺术等。然而很遗憾的是，日本国内能策划这种奢侈游的专家很少。

选择京都的理由并不只有这些。虽然京都早已从帝都的宝座上跌落下来，但凭着"不愿变成第二个奈良"的口号，至今仍有不少日本人认为"京都才是真正的帝都，天皇只不过到关东长期出差去了"。因此，京都从未失去过作为帝都的骄傲，位于京都中心的御所、桂离宫和修学院离宫都像明治天皇出发前往东京的那一天一样，随时可迎接天皇归来。京都五山、东西本愿寺、里表的茶道也是如此，不会像企业那样为了赚钱而把总部迁往东京。京都人固执地相信，天皇总有一天会回来。京都的自豪和自尊把东京这座荣华富贵的城市比了下去。这就是京都的强大之处。被地震、核电事故打垮的日本已处于绝望的边缘，如果连骄傲都丢掉的话，那就完了。这一点我们应向京都人学习。

聚焦嵯峨·岚山的原因

嵯峨野位于京都郊外（所谓洛外），东为太秦，西为小仓山，北为上嵯峨山麓，南为大堰川，近年来通常以近旁的山名岚山来称呼这片区域。本章把这个区域称为"嵯峨野·岚山"。自古以来，这一带以及南部的葛野郡都是住在京都中心城区（洛中）的贵族们的别墅区，是一片经常被咏入和歌的底蕴深厚的土地。嵯峨野是本书经常提到的日本品牌的发源地，也是平安文化的象征源氏物语的舞台之一，据说苦苦等待光源氏的明石姬所住的山庄就在这里。在嵯峨野·岚山这个颇有历史渊源的舞台上，曾经上演过无数生死相恋的故事，不愧为平安王朝文学与诗歌的华丽舞台，然而本书从观光立国的角度，关注的要点却在贵族别墅区上。

如果游客是富裕的资产家们，应首先带领他们参观皇族的桂宫和桂离宫，然后去岚山，而且行程中一定要有大河内山庄。这些景点不仅在建筑、庭院、环境等方面都出类拔萃，还有重要的历史意义和与众不同的特质。桂离宫和大河内山庄的主人虽同为日本人，但前者是近代的皇室家族成员，后者是近代的电影明星，两者所处时代不同，身份也不同，不过他们都是爱好花鸟风月的风流人物，不仅会欣赏书画古董，还偏爱带有茶室的建筑、庭院，因而不惜花费巨资把这些兴趣爱好体现出来。让外国游客了解这些背景知识是极为重要的。与迹见学园女子大学的“小仓百人一首”收藏颇有渊源的小仓百人一首的发源地“时雨殿”也是必去的景点。这里也是藤原定家的别墅，游客们可以在此亲身体验一下和歌。在这里，笔者还想讲个小故事。这一带后来成了川崎造船所（现在的川崎重工业）的创建者川崎正藏的别墅（很遗憾现在已经不存在了）。对岚山热爱至极的川崎先生甚至铺设了岚山电车轨道（岚电），可以从神户直达岚山。川崎先生在船舶、航空器、摩托车、铁道车辆、制铁等相关产业中拥有大量份额，与外国人也有联系，因此外国观光客对他应该较为熟悉。我们觉得，王侯贵族、财经界人士、知名人士等拥有多种多样背景的外国富裕阶层一定能和川崎这样的具有独特爱好的别墅主人产生共鸣。海外富裕阶层希望旅行能给他们带来特殊的文化体验，因此要求能与当地的有特色的人接触，因此，在桂离宫接触日本文化中的茶道的精髓以及在大河内山庄了解日本的电影、时代剧、武士道、忍者等对他们来说绝对是投其所好。如果接待的是国宾或政府贵宾，那么可以安排他们在桂离宫与茶道的宗匠以及和桂离宫有各种渊源的名家名流、高僧见面。如果接待的是参演好莱坞电影的大腕级影星或武道高手，就可以在大河内山庄招待他们。外国游客可以在这两栋建筑内多角度地了解日本文化，为日本游开一个好头。

对日本主要的文化领域极为关注的海外富裕阶层可以在专业向导的带领下走访一些有特色的景点。如果要了解茶道就去今日庵，如果要欣赏真丝就去西阵的织屋中跟着出类拔萃的织丝职业工匠体验机织，如果要看小仓百人一首的稀有史料就顺道走访迹见学园女子大学。这样的行程都能使游客体验一次"本真"的旅行。

如果是想尽情体验和服、和式饮食、正宗的日本式生活的富裕阶层，笔者会带他们去京都市东山区的冈崎法胜寺一带。这一带有细川、住友、野村、鸿池等名人、富商的别墅，是日本屈指可数的超高级别墅区，其中很多建筑是著名的小川治兵卫设计的。住友和野村是现代日本金融界的两大巨人，两家主人在二战前决定建造相邻的别墅，于是一同委托小川治兵卫建造。对日本财阀家族的小故事感兴趣的资产家游客们应该很想去看看吧。

这里的别墅大部分不对外开放，住友、野村的别墅只对有关系的知名人士开放。如果能带海外富裕阶层的游客参观这样的景点，他们一定非常感兴趣。

在参观之后，如果有人想投资房地产，我们就在税收方面给予一定的优惠，这样就有了一个“观光立国”政策的成功案例。如果这些富裕阶层在他们购买的和风别墅里招待亲友，那就更吸引更多的人来日本旅游、投资。新建住宅投资的乘数效应将会波及京都的传统产业的各个角落。

住在京都的人就是旅游资源

人尽皆知的岚山的山峰（旧称慌櫟山），会爬上去的游客几乎没有，笔者也只是从渡月桥远眺一下岚山而已。岚山的山坳里有美丽的保津川，外面有水面广阔的大堰川，下游还有水流和缓的桂川，都可以尽情泛舟游览。外国游客不知道，实际上这些河流是同一条河，只是不同的流域有不同的名称。京都人最擅长玩这种不花钱的“语言游戏”来制造一些噱头。从某种角度来说，给同一条河流起几个不同的名称就像绣在西阵锦上的不同花纹一样，用丰富的语言来使旅游更有趣味。日本中央政府省厅曾命令全国统一河川名称，京都却以其稀有的历史价值为由拒不执行。京都市内的街道名称也是如此，很多长地名经常会把外国人弄得晕头转向。这也许就是京都之谜吧。京都人习惯于给人留下想象空间以保持神秘性。就拿前面提到的河流名称来说，不花一分钱，仅仅使用不同的名称就能提高附加价值，京都人说不定背地里都乐开花了。对外国游客来说，嵯峨地区是京都的一部分。然而，从历史上和居民情感上来说，完全不是这么回事。在嵯峨被划入京都市之前，葛野郡嵯峨町的最后一任町长银行家小林吉明就曾经这样讽刺京都市：“这被称为‘嵯峨’的地方，特别是这岚山，与普通的旅游胜地不同，早已成为世界闻名的旅游胜地，国内外的贵宾络绎不绝，但京都市从未投资一分钱，却把这里当作自家的庭院来招待国内外的游客。”综合型的大都市和近郊的旅游景点之间的关系应该是相互依存的，仙台和松岛之间的关系就是如此，但是，京都的洛中和洛外之间的微妙关系却是京都所独有的。

笔者曾经居住在西京区，也以身为京都市民为豪，但当我听到洛中的前辈说“没有那个区呀……大概是战后才出来的吧”时也深感无奈。国际日本文化研究中心教授井上章一氏出生在京都郊外（洛外）的嵯峨野・岚山，也许他年轻时也曾被洛中人瞧不起，所以他对京都的研究都颇具特色。他居然认为，看不起洛外的京都中心区（洛中）居民的“傲慢”是产生“京都味”的一种源泉（听说同样微妙的紧张关系在冲绳县也存在，王宫所在的首里的居民也会看不起其他地区的居民）。然而，在西阵长大的入江敦彦氏则认为京都人“并不是刁难，也不是看不起”，只是“口是心非”。笔者认为，小林町长为常年忍受京都人“口是心非”的洛外人出了一口气。

用自己的双脚走访名山大川，感受最强烈的应当是与当地人的接触，在亲身体验过那片土地上的人们的生活之后一瞬间发现那片土地的魅力所在。旅行是与人的接触，观察人才是旅行的终极乐趣。京都市发布的振兴计划强调“与人相遇，与风景相遇，与感动相遇，然后与新的自己相遇”，这才是旅行的本质。只要提起“京都人的口是心非”这个话题，人们就会好奇京都人究竟怎么“口是心非”了。京都是一个专门展示人的“动物园”，有“口是心非”的洛中人和被“口是心非”的洛外人，这个动物园可比旭川市的旭山动物园有意思多了。游客来到京都时完全不知情，对京都之谜感到不可思议却琢磨不透,在解开京都之谜的过程中完全被京都迷住,这样的人才是真正的回头客(笔者就是其中之一)。

其实,岚山"什么都没有"

目前,京都市内没有五星级酒店,也没有奢华的住宿设施,尚不具备接待富裕阶层的条件。岚山虽然有些桥和河流,但并不是什么特别的景观。虽然岚山已成为世界性的观光胜地,但酒店或旅馆不多。夕阳西下时,岚山已经没什么游客了,傍晚 6 点以后则全无人影。部分喜爱历史的游客能够体会到"从平安时代开始持续至今的大自然的黑暗奥妙",据说这样漆黑一片的景点还得到了好评。但是,对于包括笔者在内的绝大多数俗人而言,在岚山过夜实在不是上佳之选。商店街的店铺都早早地关门了,周边几乎没有任何能够消遣的地方。一直有人批评岚山的当地人缺乏招徕游客的意识。1923 年,当地的报纸曾说:"嵯峨野不像个旅游景点,一个艺妓都没有。……客人从京都叫了艺妓来,不花几个小时的时间都到不了,于是客人就走了。"真是一篇令人哭笑不得的报道。餐饮业经营者联名申请允许艺伎表演,但主管单位认为艺妓会带来不良的风气,所以没有同意。顺便说一下,现在在渡月桥附近有时候会看到像是舞伎的女子,但她们只是租借和服来拍照的游客。当时的文化人认为"不要把嵯峨野变成到处都是艺伎的热闹地方",连清新而美丽的宝塚演员都被拒之门外了,艺伎就更不用说了。看来主管单位是要走"清纯"路线了。

岚山今后的问题无疑在于是走高端路线还是中低端路线。岚山虽然有几间超高级的餐厅和旅馆，但却没有世界知名的酒店、高尔夫球场、主题乐园、商业街、剧场等，甚至连机场、直升机停机坪都没有。从目前来看，岚山实在没有资格被称为世界水平的高级度假胜地。

岚山——废物利用的元祖

如上所述，岚山没有得天独厚的环境优势，其实“什么都没有”。它能成为一个旅游胜地，无疑是因为相关专业人士的创意和打造。日本正在全国建设旅游城市，重新利用那些闲置的店铺、空间、校舍，为各地区注入活力。岚山在这方面走在了前面，综合利用各种旅游资源，终于成了知名的旅游胜地，无疑是“废物商法”的典范。这里说的“废物”并不是指那些已经扔掉的无用的东西，而是指破旧的、过时的东西。“废物商法”是指以独特的标准来判断那些闲置的东西的价值，再次利用，用极少的资本投入、便宜的维护费来实现低成本利用的商业模式。并购重组旧企业的“企业再生基金”也属于“废物商法”。废物利用的具体例子还有岚山景区的古董列车、用作漂流船的渔船、拉客人的人力车等，这些早已过时的交通工具在年轻人中人气爆棚。岚山附近的电影村原来是拍摄日本国产电影或时代剧的影视基地，由于近几年日本电影和时代剧步入低谷，影视基地也逐渐荒废，但现在被改为电影村供游客参观。而岩田山野猴公园是当地的旅馆老板们的创意，他们把生活在那里的野猴子变成旅游资源来吸引游客。

岚山以前也和奈良一样信奉“大佛商法”，认为“就算什么都不做，客人也自会上门”，这一想法饱受批评。岚山保胜会的会长谦虚地说：“嵯峨野・岚山从某种意义上说是悠闲地盘腿坐着，自诩为天下的盛景之地。”其实，岚山所用的“废物商法”与“大佛商法”不同，是用独特的鉴别力来发现闲置物的价值，根据创意来将其打造成旅游资源。当国家在全国鼓励建造俗气的度假村时，“反俗气、反中央”的京都人却另辟蹊径。日本的其他地方在经济高速增长时期和泡沫经济时期不惜花大把的钱，新建了许多豪华的旅游设施。泡沫经济破灭之后，这些设施就难以维持，酒店或主题公园都渐渐荒废。经济景气的时候，东京独占了大量的资源，却最终以失败告终，而京都却背道而驰，最后取得了成功，实在令人尊敬。近些年，嵯峨野・岚山举全区之力，一个接一个地落实旅游项目，实实在在地收获了成果。

3 打造超A级地区品牌的战略

吸引中老年外国资产家

如果想借鉴嵯峨野·岚山的旅游业振兴策略以吸引外国游客，那么下面这几个要点就很有参考价值了。如果对游客进行分类的话，可以分成学生、中老年游客、外国游客、团队游客等几类。在世界老龄化的今天，我们不得不把主要目标锁定在金钱和时间都有富余的国内外的中老年游客上。

如果把着力点放在游客数量上，只顾着确保数量，那只会促进大众游、廉价游的增长。岚山曾经有过大量的偶像店，从而吸引了很多学生游客，虽然确保了游客数量，但却失去了喜爱岚山的优质回头客。我们需要的是有一定消费能力的游客，与其重视数量，不如重视质量。与普通百姓相比，争取富裕阶层的游客才是关键。京都在2011年出台的《未来·京都观光振兴计划2010＋5》中提出“接下去我们要走向旅行的本质……以全世界都认可的观光都市”为目标，从强调游客的数量转向强调旅游体验的质量。据说，一次旅行花费1亿日元以上的人有10万之多。京都就瞄准了这样的富裕阶层。今后,如何把这些世界上屈指可数的资产家吸引过来,创造旅游内容才是胜负的关键。

从旅游到定居或长期居住

假设有富裕阶层来岚山访问,如果他们只是走走渡月桥、在岚山拍照留念,那么不会带来一分钱的经济效应。我们希望他们喜欢这里,延长停留的时间;希望他们能在桥畔的高级餐厅吉兆吃饭并在星野屋留宿,这样才能增加岚山的经济收益。如果游客们对岚山的风土人情产生兴趣,那么就有可能在这里长期居住。在美国某旅行杂志发起的旅游景点人气的投票中,京都在2011年在亚洲城市中排在前几名。这个报道给我们增添了信心。让我们来描绘一下美好的蓝图吧:如果能把像小川治兵卫那样高水平的现代别墅建筑师介绍给外国资产家,他们就有可能会想在岚山建造像大河内山庄那样的高级和式别墅。一旦他们长期居住于此,就会需要木匠、园艺师、古董商人、和服裁缝等专业人士来为他们提供服务。由此产生的经济效益不仅巨大,而且长久。如果海外的贵族对桂离宫喜爱有加,想要在京都的近郊建设一座一模一样的离宫,那么这里就会成为世界一流的高级度假胜地。为了实现这些梦想,笔者首先建议在岚山附近建造高级别墅区。

吸引国内旅客的关键可能是"B级美食",然而要观光立国的话就不能只瞄准"B级",有潜力的地区应该着力打造A级或超A级的品牌。以前,那些坐落于深山的旅馆为了吸引住客,克服重重困难，把鲜鱼做的刺身放上了餐桌。今天，为了激发当地农业和渔业的活力，“当地自产自销”和“地区品牌”战略也成了主流。

然而，京都远离大海，又被群山包围，不容易获得新鲜的食材。而且，京都的耕地面积狭小，没有农业生产的环境优势。因此，想在京都以便宜的价格购得新鲜的食材是不太可能的。但是，京都人却克服了这些先天劣势，依靠独特的创意，创造出了众多京都料理的名品，如用鲱青鱼的鱼干做成的鲱青鱼荞麦面、漂亮的“京野菜”、冬天吃的汤豆腐等。汤豆腐是用嵯峨野的优质地下水和当地生长的“嵯峨豆腐森嘉”制作而成的柔软的手工豆腐，得到的好评无数。据说，在 1960 年以后，嵯峨野对“京都汤豆腐”品牌的贡献巨大。那些与京都有缘的文化人都极为喜爱汤豆腐，于是大力宣传。现在，“京都汤豆腐”已经成为附加价值极高的特色产品，到访京都的游客都要品尝一下。

培养专门接待外国富裕阶层的礼宾

游客们都说“京都人口是心非”，其中的一个例子就是“拒绝新顾客”的商业法则。这一法则是指拒绝接待自己上门的新顾客，给特定的顾客一种优越感。这种商业法则类似于会员制的商业模式。若要打造 A 级或超 A 级的旅游品牌来吸引外国的富裕阶层，那么这种商业模式是符合京都的历史传统的。

根据国土交通省的调查结论，日本还没有为欧美的富裕阶层服务的买手，也没有接待富裕阶层的礼宾组织。海外买手曾说：“客户要拜访有名的陶艺家，但却怎么也找不到人。但是，拜托认识的人介绍，马上就联系上了。”让我们来考察一下京都的传统工艺界。传统工艺界有数量众多的职业工匠，行业划分很细。职业工匠之间的关系网由徒弟制度构成，以师傅和弟子为基轴，在长时间内形成信赖关系。因此在向京都的手工艺者订货时，需要了解下这个领域里有多少工匠、这些工匠都在哪里、技术水平怎样、能接受多少订货量等。如果是个大项目，也可以通过综合商社或者大型总包商来订货，京都的综合制作人“悉皆屋”都拥有自己的关系网。另外，别墅的园艺师、为大户人家服务的古董商等也是万能咨询师，他们在政界、商界熟人众多，能够通过他们来结交重要人物。

要尽量满足富裕阶层的需求，迎合他们的嗜好，才能制定出最优质的旅行计划。

预计今后的外国富裕阶层游客会不断增加，为了接待他们，我们需要通晓各国语言具的专业人才，这些人才不仅要做导游，还要满足资产家们的兴趣爱好。这种人才应与律师、税务师、咨询师等高度专业能力的人才拥有同样的地位。他们能发现高价值的旅游信息并推荐给客户，还能迅速满足客户的高难度要求。他们拥有高度的专业知识出色的协调能力，若富豪们看中一处房地产，想要立即付款购买，这些专业人才也得能提供相关信息和咨询。

为不同国家的游客建立令人感动的景点的数据库

例如，京都针对不同年龄的国内游客制定了不同的接待战略。针对外国游客，旅游官方网站用英语、法语、德语、西班牙语、意大利语、中文(繁体字和简体字)、韩语这 8 种语言向来自不同国家的游客细致地介绍景点内容。在美国、中国台湾、韩国、中国大陆、澳大利亚、法国等老牌旅游市场和泰国、新加坡等新兴旅游市场,政府相关部门都花了很大的心思来完善旅游基础设施以应对游客的需求。如果能根据各个国家的游客的特点来制定独特的接待战略则是最理想的。许多中国游客到访岚山的原因之一是那里有一块周恩来题写的"雨中岚山"的石碑。这块小小的石碑安静地叙述着深受中国人尊敬的人物和岚山之间的缘分,成了一个令人感动的景点。像这种对某一国家的游客有着特殊意义的景点在全日本有很多。例如,把阿根廷的游客带到横滨港参观纪念舰"三笠",讲述阿根廷在日俄战争时期向日本提供的帮助,定能让他们有所感触;再告诉他们"在日本还有用'TANGO'命名的国名、市名、铁道公司名、车站名呢",定能让他们大吃一惊;此外还可以带他们去参观天桥立。把日本与世界各国的交流史进行归纳总结,把游客带到会令他们感动的景点,并把这些景点制作成数据库,这么做不是很有趣吗?

用特别贵宾列车直连桂离宫和岚山

最后,笔者想提出一些特别的旅游方案,比如说行程中包括花街和一些不对外开放的神社寺庙。不过,宫内厅所管辖的建筑不太会对外开放。嵯峨野·岚山与齐王有着很深的渊源。齐王是古代伊势神宫、平安初期的贺茂神社供奉的未婚皇女,在现代的葵祭祀中代替齐王的齐王代是被供奉的女英雄,她在国内外的游客中都很受欢迎。

桂离宫是日本皇室正在使用的离宫，我们当然希望能够加以利用。如果日本将来会产生女性的宫廷之主，希望她经常来到关西，特别是京都，在桂离宫迎接贵宾，相信这是最高级别的招待了。如果能够再次使用旧桂宫家族的名称，那将会进一步提高桂离宫的知名度。

笔者还有一个梦想，就是在桂离宫的前面建设一个车站，运行从桂离宫始发的皇家专车和特别贵宾列车，方便贵宾们在桂离宫和岚山之间往返。贵宾们可以在保津川漂流，在岚山散步，晚上住在星野屋的 VIP 房。这种转为 VIP 设计的旅游方案如何？实际上，新京阪铁道公司在建设阪急岚山线的时候就配备了贵宾车厢（当时留给皇室用的），这节车厢的贵宾室里＝挂着黑田清辉的绘画作品《岚峡》。在岚电车开始运营的时候，新京阪铁道公司就骄傲地表示他们“特别准备了贵宾车厢”。

另外，各国新任的驻日大使向天皇提交委任状的时候，宫内厅会安排庄严的仪式，让仪装马车（或汽车）在东京车站接送各国大使。由于只有在一小部分的君主立宪制国家才会有这样的仪式，所以很多国家的大使都希望乘坐马车。从这个例子来看，只要给予 VIP 们特别的待遇，满足他们的“虚荣心”，就会给我们带来极大的经济效益。

人车铁道

阪急岚山线铁路列车与古董列车的动力、尺寸、重量都不同，要想实现相互换乘，在技术和资金方面都有许多需要解决的问题。英国在维护铁路方面有一套完整的机制，有很多值得我们参考的地方。有些铁路爱好者会捐赠资金或提供劳动力支持，但这个方案仍然不太可能马上实现，所以笔者在这里提出一个替代方案。为了保养列车，古董列车每年 2 月停运，然后借用铁轨，用人力来推动古董列车前进。在古董列车的岚山车站一直陈列着“人车铁道”的模型，还有详细的介绍，因此无需向嵯峨野观光铁道当局再做说明来解释什么是“人车铁道”。岚山的“人车铁道”在全日本仅此一处，在全世界也极少见。对于海外富裕阶层来说，这绝对是独一无二的体验，而且肯定会使铁路爱好者们疯狂。若这一方案成功，相信会成为“废物商法”的终极案例。

关键是要在 2 月的岚山再现芥川龙之介的小说《轨道列车》中描绘的热海的人车铁道。芥川曾在短篇小说《由机车所想到的》中吐露心声：“我感到那台复古的机车——烟囱高高的 3236 号就像我自己一样。”岚山还可以举办“文豪芥川龙之介是铁道狂热者吗？”研讨会，与会者可以在“人车铁道”上思考这一问题。

把内燃动力的列车变为人力列车，可能需要在法律上办理追加手续，即在动力种类的栏目里追加人力。然而最大的问题是由谁来做“人车铁道”的“人力”以及有没有可以胜任的司机。幸好古董列车停运的 2 月是旅游淡季，在岚山拉人力车的小伙子们也比较空闲，可以让他们试试看。当然，他们不是免费劳动力，希望运营方能让他们多挣些钱。

把停运的铁轨（固定资产）和空闲的人力车夫（劳动力资源）进行重新匹配，创造出全新的交通体系“人车铁道”，这就是对资源进行管理的成果。若能把“人力铁道”当作“观光立国”的具体政策来认真商讨，笔者将倍感荣幸。

专栏

冲绳——活力之岛

日本现在正在流行“活力场所”。催生出这种流行风潮的是女性杂志。“活力场所”是指“能带来幸运、让人放松的场所”。自2000年初开始，“活力场所”成了年轻女性关注的焦点。

在日本，以观光立县为基本政策的地区屈指可数，冲绳县是其中之一，而且也受到了这种“活力场所”风潮的影响。冲绳有各种各样的遗迹，吸引了大量的游客。其中，在2000年被联合国教科文组织认定为世界遗产之一（“琉球王朝都城和关联遗产群”）的齐场御狱就被认为是能够产生能量和灵力。近些年来，以年轻女性为主的游客蜂拥而至，人满为患。

齐场御狱坐落于冲绳本岛南部的南城市。在琉球王朝时代，为了遥拜护国神女所在的久高岛，国王亲自到访过这个地方。另外，用灵力庇护着琉球王国的闻得大君的就任仪式也在那里举行。现在，这里已成为灵威最高的场所，当地人都到此膜拜。齐场御狱这一传统的圣地如今变成了“活力场所”，人气爆棚。为了保护这个场所，当地人援引只允许女性进入圣地的古老规定，提出限制入场人数，即只允许女性进入。

冲绳地区历来相信姐妹能庇护兄弟，被称为“姐妹神”。这个信仰仍然存在着，意味着女性的宗教地位比男性高，应该被尊重。男性从小就被灌输这一思想，即绝对不能进入圣地。在琉球王朝时代，能成为闻得大君的人只有国王的姐妹等女性。闻得大君在近代以前甚至可以接受神的嘱托来替代国王，是把各地区的神女团结在一起的地位最高的神女。此外，不是神女的普通女性也能用灵力来保护自己的家人。

2011年，NHK播放的电视剧《暴风雨》(原作：池上永一)引起了广泛的关注。这部电视剧以19世纪的琉球王国为背景，描述了一位女性着男装拯救琉球于危机的故事。据南城市观光协会说，受这部电视剧的影响，来参观拍摄地点齐场御狱的游客数量激增。除了齐场御狱，这部电视剧还在首里城和万座毛取景，这些景点也都备受追捧。游客们一边听当地向导解说一边参观，亲身体验《暴风雨》中的情景，这成了近代日本旅行社开发的一个大的旅游项目，极具人气。

对于这种接地气的旅游政策，相关的行政服务部门也积极配合。琉球的国王曾经巡游了以齐场御狱为首的、坐落于冲绳本岛南部的东海岸的几个圣地，来祈愿国家的安宁。这个传统被称为“东御巡游”。这之后，不仅是国王，一般家庭也开始巡游国王曾巡游过的圣地。在这种圣地巡拜活动的启发下，齐场御狱所在的南城市策划并举办了现代版的“圣地巡礼旅行线路”，吸引那些对“活力场所”或者灵力有兴趣的游客。南城市把灵力和民俗宗教结合在一起，灵活利用传统的圣地巡拜等习俗，催生出了新的圣地巡拜文化，使人们对冲绳留下了“活力之岛”的印象，从而吸引了越来越多的游客。

看过小说或电视剧《暴风雨》的人都知道，冲绳的“闻得大君”“祖母”“灵媒师 YUTA”（即所谓的巫师，大部分为女性）都获得了极高的关注度。冲绳就是这样一个能实际感受到女性的能量（即所谓“女子力”“姐妹神”）的岛屿，是能够使现代人疲惫不堪的心灵和身体的放松下来的岛屿。今后，人们对冲绳的关注度一定会越来越高。

“绿之馆·齐场御狱”门口支付入馆费的观光客（笔者摄影，2009 年 9 月 9 日）

到访齐场御狱的“ECO Spirit Ride & Walk in 南城市”的参赛者(笔者摄影,2011 年 4 月 24 日)

在齐场御狱的御门口参拜的女性(笔者摄影,2009 年 9 月 9 日)

8

第8章

急需重构国家管理机制

本章认为,国家管理机制是日本逆转的钥匙。在政治体系方面,本章针对“扭曲国会”现象给出了建议;在官僚体系方面,本章提出参照商社的组织架构;在财政体系方面,本章主张通过增加消费税来健全财政,改革年金制度以减轻财政的负担。

1

建立具有指导力的政治体系

成为能自己制定政策的国家

导致日本经济社会闭塞的一大原因是日本的政治体系和行政体系无法及时制定政策政策，使本应立即解决的问题一拖再拖，等到无法再拖延的时候，就和和稀泥，把水搅浑，或者简单地把负担加在没有选举投票权的政治弱者身上。全球化带来了大规模的激烈变化，国家之间的竞争也是越来越激烈，如果日本依然使用这样的决策体系，那将会危及国家的生存。为了健全日本的政策决定功能，我们必须尽快确立内阁的指导力、纠正“扭曲国会”现象、充分活用官僚组织、建立政策立案制度。

在政策决定方面，如果给予执政党发言权，让其从国家利益的角度出发来制定政策，这是不可能的。对于议员来说，最高使命就是要使党派在选举中获胜，政党的利益永远是第一位的。所以，执政党容易回避那些可能产生阵痛的政策而制定出没有针对性的政策。然而，议员一旦进入内阁成为阁僚，为了解决政策问题，就必须综合考虑某一政策的历史原委、预算和制约、与其他国家的关系等。阁僚在与官僚接触的过程中能够学到主管领域的专门知识和思考方法，这样的学习才会让政治家们领悟到什么是国家利益。

为了制定以国家利益为先的政策，强化组成内阁的执政党的主导权是必须的，此外还要做到以下几点：(1)执政党内的有实力的议员全部进入内阁，使内阁成为党的执行部门；(2)内阁总理大臣在选择阁僚的时候应以实力为本；(3)内阁成为党的执行部门后能使执政党充分利用党内的人事权，在如今的小选举区和比例代表制度相结合的选举制度下，作为党首的内阁总理大臣在选定候选人的时候拥有极大的权力；(4)从组织统制的角度来说，要掌握政治资金的分配权。

内阁成为执政党的执行部门，这已经成为强化统治的工具。问题在于，政党的干部不愿意强权统制一般无职务议员。对于重大政策的制定，为了维持党内的统制，内阁对于是否要动用一切手段不需要犹豫。

2005年8月，小泉首相解散众议院之后举行总选举，对于那些反对邮政民营化法案的自民党议员，小泉不仅没有立他们为公认的候选人，还在他们的选举区内毫不留情地称这些议员为“刺客”。这种做法是值得学习的。

纠正“扭曲国会”现象

近年来，政策决定功能不健全的最大原因是“扭曲国会”现象。在众议院总选举中获得多数选票的政党才有权组织内阁，而内阁能制定政策。执政党为了推行他们所提出的政策，就需要相关的预算和法律，但是如果其他政党占领了参议院的多数席位，那么执政党的政策就无法贯彻执行了。

世界上有许多一院制的国家，但是先进国家普遍采用两院制，如 G7 峰会中的美国、英国、德国、法国、意大利、加拿大都采用两院制。但是，我们仔细观察就会发现，这些国家的情况和日本的情况有所不同。首先，美国、德国、加拿大都是联邦制的国家，因此无论如何都需要能代表构成联邦的州的意见的议院，这是他们的国情。再者，美国的总统拥有很大的权力。

再看不采用联邦制的国家。在两院制制度的发源地英国，上院是“贵族院”。在日本，上院代表早已不存在的贵族阶层（现在“贵族院”的大部分议员是第一代贵族），所以贵族院的权力被大幅度地削弱了。

在下院连续两年通过的法案，即使没有“贵族院”的同意也能够成为法律。若该法案和税法或预算支出权限有关，也只不过是在“贵族院”作为立法案延迟一个月而已。而且，执政党在竞选时曾承诺将要推行的政策，“贵族院”不能反对，这已经成了惯例。

法国也是中央集权国家，也有总统，而且总统的权力很大。法国的上院议员是从下院议员和地方议会的议员中间接地选举出来的，这一点与日本大相径庭。在审议法案的时候，如果上院和下院的意见不同，特别是经过上下两院的协议会之后仍无法取得一致的话，那么就在政府的要求之下，仅由下院进行最终投票来决定。而在同样是中央集权国家的意大利，上院议员中除了极少数是被任命的之外，其他都是直接选举出来的议员，上下两院拥有同等的权力。在非联邦制国家中，只有日本和意大利两国没有总统和贵族，同样是直接选举出上院议员，上下院几乎拥有同等的权力。遗憾的是，这两个国家的政治体系都无法充分发挥作用，政府的统治能力低下。这两国的共同之处在于国家的财政状况都恶化得很厉害。日本既不是联邦制国家，也不是总统制国家，也没有贵族，如果两院制还有存在的意义的话，那就需要全力防止多数党派的暴走。但是，日本的实际情况是，由于“扭曲国会”，政府什么都决定不了，且这种弊害越来越显著。

从上述分析来看，日本没有必要再继续维持现有的两院制了。为了让政治体系能够发挥作用，有必要改变这个现状。但是，问题在于，要改变现状就必须修订宪法，要修订宪法就需要三分之二以上的参议院议员投赞成票。

如果只是否定参议院存在的必要而改成一院制或者大幅缩小参议院的权力，那么，想实现改革是完全不可能的事情。那些参议院的议员和一直以来在参议院活动的政治家们为了自身的政治利益，一定会拼死抵抗废除参议院或缩小参议院的法案。因此，无论是理论上还是实际上，改革参议院必须得到参议员们的支持。

所以，较有可行性的提议应该是创立新议会并同时推行众议院改革。也就是说，我们应该把参众两院进行合并，然后创立一个全新的议会。

在实施过程中，最重要的是不能让现在的参议员们感到改革会有损他们的政治利益。其实，要想让参议员支持改革，最简单的办法就是提高他们当选的概率。所以，改革后的议会在相当长的一段时间内会和现在的众议院、参议院没什么两样。应该允许新议会解散,如果参议院有抵抗,旧参议院议员选举区选出的议员可以在一定的时间内保留议员的身份,就算参议院被解散也能保留。只要那些改革对象对修宪持有否决权,那么就需要大胆的妥协。

如果在修订宪法上有困难,那就只能通过惯例来改变两院的功能,没有其他的办法了。例如,把涉及国家治理的法案分别分摊给参众两院决定,相互尊重对方对法案的决议。比如年金制度,一旦确立了,就算更换执政党也不能改变。与年金制度类似的制度、行政组织的改编、决算的批准、政府的人事方案、刑法的修订等都要尊重参议院的决议,其他的则尊重众议院的决议。还有一个问题,即为配合每三年一次的参议员选举而解散众议院已成为惯例。然而,解决这一问题无助于改变问题的本质,反而限制了内阁解散众议院的权力,有本末倒置的感觉。但是,解决这一问题的可能性较高。

2 让官员成为智囊

通过政治家、官僚的合理角色分担充分活用官僚组织

光凭政治家一个人是无法制定政策、实施政策的。为了让国家机器正常运转，就少不了在政府机构工作的官员们。这些官员们的流动性不大，而每次选举之后都会有新的政治家上台。

另外，由于经济结构、社会结构越来越复杂，政策制定者必须要具备专业知识和丰富的经验。在银行监督和环境规制这两个典型领域中，行政方面早已有了国际规则，我们需要与国际上的相关人士进行不断的接触。在这些方面，我们无法对政治家有过多的期待。

但是，认清国内外正在发生的结构性变化和人们意识的变化，并且据此来分配预算、改革制度，这些事就只有政治家才能做到。

也就是说，为了让国家政府部门充分发挥职能，政治家和官员应各司其职。由官员来准备政策一览表，政治家则在此基础上进行决断，这样的角色分担是最理想的。在民主党执政初期，各个省的政策决断均由政务三职（即大臣、副大臣和政务官）在密室进行，

官员均被排除在外，导致官员们士气低落。这是错误的政治主导。为了维持政策的持续性、完整性和逻辑性，官员当然应该出席会议并被允许陈述意见。比起其他国家，日本的政府官员无论在人才质量方面还是纪律方面都是优秀的。日本的政治家必须具备充分任用官员的能力和胸襟。

随着少子化、高龄化的加剧，国内市场逐渐缩小，为激发日本经济的活力，日本的官员们必须加大推行政策的力度。然而，日本大部分的省和厅依然采取保守政策，没有从全球化的角度出发来大胆地进行政策立项；虽然在中央政府的官厅里有很多有海外经验的人才，但是他们的留学国家或任职国家主要是欧美国家，在新兴市场国家没有信息收集的渠道和人脉网络。

为了打破这样的局面，笔者建议政府、民间组织和学术界相互合作，以新兴国家为研究对象，像美国那样设立进行政策建议的大型智囊团。笔者建议从各个政府省厅、学术界和民间企业搜罗人才，不仅在日本国内开展研究，还可以以派驻、留学等形式向新兴国家派遣人员，同时从新兴国家邀请研究者、公务员在这个平台上开展交流。

参照综合商社的组织架构来重构官僚组织

综合商社是日本独特的企业形态。随着全球化的进展，综合商社的竞争力日益增强。因此，我们建议参照综合商社的组织架构来改革官僚体系。

日本的综合商社经历了“商社不要论”的严冬之后，在 21 世纪奇迹般地复活了。商社的商业模式如表 10 所示，其中的关键在于总是从全球化的角度看待问题、铺开国际网络、保持组织的多样性和灵活性、挑战风险、参与商业交易并获得红利。这些都能有效地应对全球化加速、商品多样化、技术飞速进步、消费者的喜好迅速变化等现代经济状况,不愧为21世纪的商业模式。

表10 商社的商业模式

挑战风险 长期投资	■ 挑战风险进行投资,长期参与,获取红利。
多样性	■ 放眼供应链的每个部分,只要是有利润的领域,都可以尝试。 ■ 从矿泉水到通讯卫星,商品极为广泛、多样。 ■ 积极参与最前端的领域,拥有很多理科人才。 ■ 拥有商业交易功能、信息收集、调查功能、金融功能等广泛而复合性的功能。
国际性	■ 总是从全球化的角度来制定经营战略。 ■ 在世界各国设置分公司、派遣工作人员,积极收集信息、开拓人脉。 ■ 培养懂英语、中文或阿拉伯语等有多种语言能力的人才。
灵活性	■ 灵活切换所涉及的商业领域,经常重构组织,灵活地开设分公司、派遣工作人员。 ■ 严格检验商业项目的收益,不盈利的项目就毫不犹豫地废止。 ■ 严格地进行风险管理。

日本商社可供官僚组织学习的东西数不胜数。

首先,应该学习商社的协调能力。新干线、大都市通勤铁路、上下水道等税务相关的项目、绿色能源发电项目等大规模的基础设施建设项目的对外输出都是值得期待的经济高速增长点。要拿下这些基础设施建设项目,一般公司是不可能做到的,需要企业之间共同努力,更需要政府的支持。若没有这样的体制,日本企业在国际竞争中是无法取胜的。经营范围广泛、经营模式灵活的商社最擅长这种协调，也有能力支持政府。

其次，在向他国推销基础设施建设项目时向商社咨询。新兴国家中，有许多国家的税收系统或进出口通关系统还不健全，交通系统不完善，道路拥堵和交通事故多发。日本一直在这些领域对这些国家提供无偿的技术援助，但是，由于新兴国家的经济实力日益强大，日本以后完全可以改为提供有偿援助。政府相关部门可以向商社咨询新兴国家缺少哪些基础设施、如何向新兴国家推销社会基础设施建设等。对于成功推销所辖的基础设施建设项目的政府部门，是否可以给予一些奖励呢？这样的话，各个部门就会从全球化的角度出发，重新审视基础设施建设，为做出进一步的改进做努力。说不定可以以基础设施建设项目为契机，带来官僚组织的国际化。

再次，请商社对政府部门的工作方法、组织结构提出建议。特别是，商社制定了项目废弃标准，可以依照标准及时废止一些没有可行性或无法带来利润的项目，但是政府部门中却没有这种标准，这套标准很值得政府部门参照学习。

最后，在 TPP 等国际协定的谈判和交涉中，请商社为政府部门出谋划策。商社对于日本的进出口贸易或对外直接投资的情况很熟悉，应该能够提出中肯的意见。

官民交流的扩大

对于上述建议，可能有人会质疑，商社难道愿意将花费了成本才积累起来的信息和技能对政府拱手相让吗？当然，我们不能指望商社会提供那些可以直接带来经济利益的商业信息或专业技能。但是，商社若是向政府指出问题的关键，一旦政府采取措施，也会给商社带来好处。另外，商社要想得到对外国输出基础设施建设项目等商业机会，肯定需要政府的支持，能与政府建立良好的关系对商社来说绝对是利大于弊。

我们需要制定制度来避免官商勾结，但是官民之间互通有无、共同努力是必不可少的。具体的合作方式可以多种多样。

3

财政的大转换

健全财政体系已迫在眉睫

日本的财政体系重建已经一拖再拖了，现在，欧元区也发生了财政危机，财政体系重建已经迫在眉睫了。希腊爆发财政危机，是因为政府的债务余额对经济规模（GDP）的比例达到了一定的标准之上，之后无论如何削减支出、增加税收，也难以支付国债到期时应付的利息和本金，导致希腊政府不得不谋求大幅度的债务免除。其实，而本的债务余额对 GDP 的比例比希腊还高，因此国际货币基金组织（IMF）和经济合作与发展组织（OECD）都对日本的财政风险敲响了警钟。到目前为止，日本总算还能维持人们对日本国债的信任，主要是因为：（1）日本家庭储蓄充足，国债在日本国内就被消化了；（2）日本的财政赤字与希腊、西班牙、意大利等国不同，在国际收支中还维持着经常收支的黑字；（3）日本的国民负担率（租税和社会保险费对 GDP 的比例）比欧洲先进国家小，被认为还有提高的余地。

随着老龄化的加剧，日本的家庭储蓄率逐年下跌，已落后于其他的主要发达国家（从 1995 年的 12.6%降至 2008 年的 2.2%，2009 年稍有回升达到 5.0%）。2011 年，贸易收支转成赤字，人们开始担心这一赤字会长期化，也担心经常收支的黑字能够维持到何时。日本国民对日本政府的统治能力的信心正在动摇，对于增税在政治上的可行性也普遍存在质疑。留给我们的时间不多了，必须尽快进行财政重建。

日本国债的可信度已是风雨飘摇，为了增加人们对国债的信心，日本必须向国际金融市场发出信号，展示规划好的财政重建蓝图。财政重建的策略包括抑制支出、增税、提高经济增长率。我们必须在这三方面同时发力，争取提前实施 2010 年 6 月被批准并成为国际公约的“财政运营战略”。

政府支出显示日本政府是个小政府

日本的政府支出占国民经济总值（GDP）的比重如图 9 所示。对比欧洲各国，日本的政府支出很小，与法国相比低了 14.2%。日本 2009 年的 GDP 为 471 兆日元，其中的 14.2%为 67 兆日元。这 67 兆日元在当年度国家一般会计的支出金额（当初的预算）88.5 兆日元中相当于 76%。也就是说，日本的财政规模与法国相比，相当于法国一般会计预算支出金额的四分之三，规模是相当小的。

随着老龄化的加剧，社会保障的支出将不断增加，占 GDP 的比重在 3%～10%，与欧洲各国相比也属于低水平。换言之，与欧洲先进国家相比，日本是一个小政府的国家。

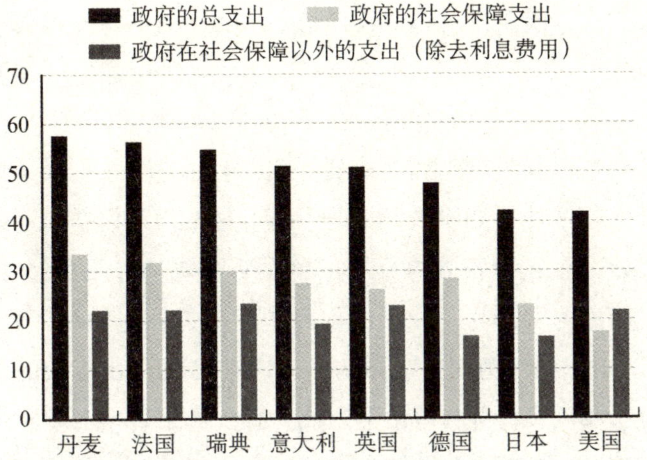

注：1. 政府是指一般政府(除去中央政府、地方政府和社会保障基金中的政府企业)。
2. 政府总支出中包含支付利息的费用。

资料来源：笔者基于财务省《日本的财政相关资料——平成 24 年度预算案补充资料》作成。

图 9　各国的政府支出占 GDP 的比重

另外，日本公务员的人工费占 GDP 的比重在主要的发达国家中也处于最低水平。这说明日本的公务员数量占人口的比例较低。这也许令人意外，但将日本政府与外国政府相比，从财政的角度来看，日本政府其实是一个极为高效的政府。

如果要增税，那么一定会有人主张“增税前首先应厉行节约”。但是，由于以下的实际情况，日本政府今后想要通过削减支出来改善财政收支将极其困难。

首先，如前所述，社会保障费以外的政府支出占 GDP 的比例已经在先进国家中处于最低水平了，如果还要进一步削减，那么将影响教育、科学技术的振兴以及防卫、公共基础设施的维护和更新等。在社会保障支出上，日本对残疾人、老年人的保障与先进国家相比差距巨大，在这些方面，只要财政资源允许，应该增加而不是削减。

我们可以预见，年金、医疗、护理保险的支付将随着老龄化的加剧而大幅增加。如果继续这样发展下去，国家政府和地方政府的负担以及企业和雇员的负担将会不断增加，现行的社会保障制度恐怕难以为继。为了让社会保障制度可持续地发展下去，就必须进行一些改革，例如换成累积方式。这需要在相当长的一段时间内进行制度设计并在政治上达成一致。如果日本需要迅速完成财政重建，那么就不得不先抑制支出，再提高保险金，尽可能高效地使用财政资金。就算这样做了，考虑到老龄化的速度，也很难抑制支出的增加，根本无法改善财政状况。

根据这些实际情况，“增税前首先应厉行节约”这句口号听上去似乎很有道理，但仅靠节约是无法重建日本财政体系的。

日本政府明明是个小政府，财政状况却恶化到了如今的地步，其主要原因如图 10 所示。日本国民的负担率，即租税和社会保险费的合计金额占经济规模（GDP）的比重在先进国家中处于很低的水平，也就是说在收入方面，日本是个超小型的政府。日本与北欧各国相比，日本国民的负担率只有 20%，是非常低的；与意大利、法国、德国、英国相比，日本国民的负担率也比这些国家低了 7～17%。如果国民负担率这么低，无论政府支出多么少，政府也会发生财政赤字，债务余额不断累积也是理所当然的。在日本国民的负担率里，社会保险费的负担率并非特别低，因此，日本与其他国家的国民负担率存在差距的主要原因是租税负担率较低。从税收的种类来说，无论是对所得和利润征税还是对资产和服务征税，日本的税负担率都是最低的。特别是和欧洲国家相比，日本对资产和服务征税的税负担率明显较低。这个差距反映了消费税负担的差距。为了重建日本的财政，我们必须增税，以改变日本政府在收入方面是超小型政府的状态。

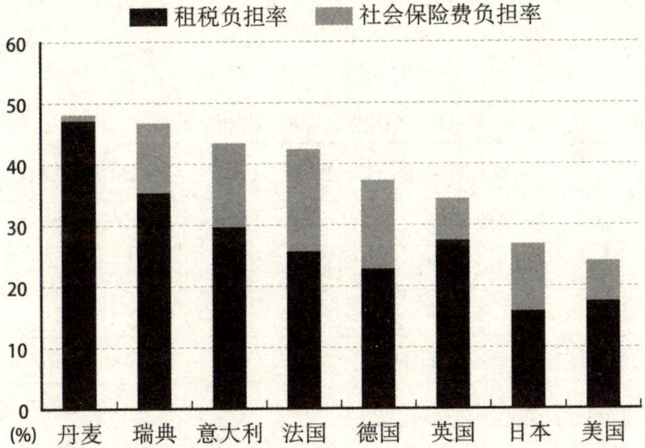

资料来源：OECD 的税数据库。

图 10　各国的国民负担率

确立以消费税为中心的税收体系

在制定今后的税制的时候，不能单单从填补赤字、确保收入的角度出发，而要考虑经济全球化、新兴国家抬头等国际环境的变化。我们的税制应该如何适应这些变化，这一点极为重要。迄今为止，日本的税制形式是以法人税、所得税为基础，在此之上用消费税进行填补。经济泡沫破灭后，低利息政策导致利息收入减少，土地价格的下跌导致土地出让所得骤减，最终导致所得税的课税基础缩小，再加上政府采取减税政策来应对经济不景气，使得所得税的财源调集能力大幅度减弱。政治上的顾虑使消费税增税被不断延后，其结果是财政只能寄希望于法人税发挥财源调集的功能。如表 11 所示，日本成了世界主要国家中法人税负担最重、消费税负担异常低的国家。

表 11　各国的法人税、附加价值税　（单位：%）

国家	法人所得税的实效税率	附加价值税（消费税）率
日本	40.69	5
美国	40.75（加利福尼亚州）	—
法国	33.33	19.6
德国	29.38（全德国）	19
英国	26	20
中国	25	17
韩国	24.20（首尔）	10
新加坡	17	7

注：1. 法人税课税的实际税率为 2011 年 7 月现在的税率。附加价值税率是 2011 年 1 月现在的税率。
2. 法人所得税中包含地方税。
3. 实效税率是指承认法人所得租税负担的一部分是损失费，对损失费进行调整后将各项税率合计得出的税率。

资料来源：笔者依据财务省《法人所得课税的实效税率的国际比较》和《G7、亚洲各国的法人税率和附加价值税率及负担率》做成。

不仅法人税，年金、医疗、护理方面的社会保险费对企业和雇员来说也是沉重的负担。厚生年金的保险费是劳资双方各承担一半，健康保险组合的保险费也由企业和雇员共同分担。无论保险费多高，如果能把它变成对雇员的补偿还给雇员，那么保险费就正当了。然而在日本，在财政调整的名义下，政府强制厚生年金或健康保险组合对针对雇员以外的保险进行补助，如国民年金、国民健康等。例如，健康保险组合有义务支付后期高龄者医疗制度中的后期高龄者支援金。

只要是保险，就要使保险费和理赔相一致，然而现在的制度并不是这样。现在的情况是，从容易收费的地方收取保险费，然后往看不见的地方支付。这种简单粗暴的资金调集方式等于是在赊账。如果继续把这种负担压在大企业和中高收入者身上，就会导致企业迁往海外，保证就业率就会变得困难重重。高额的法人税和社会保险费不仅会促使日本企业向海外转移，而且还会阻碍新兴国家等其他国家对日本进行直接投资。如今，老龄化日益加剧，储蓄减少，依靠海外资本的程度加深，这些问题将会成为大问题。

另外，所得税的累进税率和社会保险费负担的提高会使拥有高水平技能的中高收入者的劳动欲望降低或者萌生移居海外的想法。就像有实力的职业棒球选手接二连三地前往美国职业棒球联赛发展一样，在科学技术、艺术和运动等领域中拥有高水平、高能力的人不太抗拒移民。已经有越来越多的亚洲企业向日本中小企业中的技术人员提供高薪岗位。我们应该想到，人才具有国际流动性，和企业一样都可能会流失。

日本国内的劳动力不断减少，今后将需要招聘拥有高技术水平的外国人才。日本的治安好，文化保护、环境保护的水准高，食物好吃又安全，这些都能吸引外国的高收入阶层到日本来定居，为日本社会注入活力。但是,目前的高额累进税率和社会保险费等都会成为上述政策的极大障碍。

从这一角度考虑的话,那么财政重建的负担就不应仅仅加在企业或者一部分人的身上,而应该尽可能地让更多的人来共同负担,才更为合理。因此,增加消费税是合理的。法人税或社会保险费会损害企业的国际竞争力,而在出口商品上、在国内各个流通环节上课消费税是可以按照规定来还付的,因此就算提高消费税率也不必担心损害企业。日本应下定决心转向以消费税为中心的税制体系,在确保社会保障的同时大幅度地降低法人税的税率。通过这些措施,起码能够稍微减轻企业的负担,从而让企业能够更好地应对与新兴国家的竞争。

4

年金制度：为老年人减轻负担

代际差距和长寿的风险

年金是必须的，因为生活中有很多突发情况，有可能早早过世，也有可能活到 100 岁。以前，长寿的人有子孙照顾，但是现在和父母住在一起的子女越来越少，子女在经济上也没有余力来照顾父母。为了预防这种长寿的风险，年金就很有必要了。

那么，为什么光有储蓄不行呢？因为我们不知道自己会活多久。无论存多少钱，一旦没有了收入，储蓄就会一点点减少。就算在 60 岁退休时存了 9000 万日元，如果每年花 300 万日元，不计利息的话 30 年就花光了。

有些人觉得，想缴年金就缴年金，不想缴年金就不缴年金，不就行了吗？但是，难道政府对没有年金的老年人说一句“自作自受”就袖手旁观了吗？对于没有年金的人，政府就要动用税金来保障他们的基本生活。也就是说，是纳税人在为那些不支付年金的人提供生活保障。为了避免这种情况的出现，就要让全体国民都加入年金制度。

年金制度分为赋课方式和累积方式。赋课方式是用年轻人缴纳的年金来赡养老年人。如果工作的年轻人很多,那么这种方式就维持下去。但是,随着老龄化的加剧和加速,老年人口只增不减,而工作的年轻人越来越少,那么年轻人的负担就会越来越重。

在二战之后不久的1955年,由11.5个工作的年轻人(15—64岁)来赡养一个老年人,属于"众人拾柴型"的年金制度。到了2010年,变成了2.8个年轻人赡养一个老年人的"骑马战斗型"年金制度。据预测,2060年将变为1.3个年轻人赡养一个老年人的"肩扛型"年金制度。

在赋课方式下,支付的年金和拿到的年金是不对等的。老年人越少,年轻人的负担就越轻;老年人越多,年轻人的负担就越重。今后,年轻人的负担只会增加不会减少,代际差距已经成为问题。根据内阁府的测算,1960年之后出生的人所支付的年金比以后将拿到的年金要多。由于将来能拿到的年金越来越少,越来越多的年轻人不愿意缴纳年金。如果政府对这种代际差距放任不管,那么抵制年金制度的年轻人就会进一步增加。

代际差距的问题迫在眉睫,比收入差距的问题更紧迫。从某种程度上来说,收入差距反映了能力的差别,而代际差距却仅仅是出生年份不同而带来的差异。现在的年金制度让下一代人背负了沉重的负担。我们必须改变这一制度,让今后出生的孩子能够轻松地面对未来。

要缩小代际差距,就要压缩年金的受取权。笔者希望现在的年金领取人应该意识到,他们越是主张他们的既得利益,就会加重年轻人的负担。政府可以降低年金的支付额，延长退休年龄，让老年人继续劳动。实际上，日本人的寿命在二战之后大幅延长了，平均寿命到了 80 岁，延长退休年龄完全没有问题。

年金改革方案

为了解决代际差距的问题，改革年金制度很有必要。日本经济新闻社、经济同友会、日本经济研究中心等公布了改革的方案（见表 12）。民主党也通过了税收和社会保障的一体化改革大纲。

表 12　年金改革方案一览

团体名称	发表年份	基础年金（统一支给部分）	月额	第二级的部分（报酬比例部分）
日本经济新闻社	2008	全额税方式	6.6 万日元	维持现状
经济同友会	2009	全额税方式	7 万日元	民营化
日本经济研究中心	2011	全额税方式	7 万日元	民营化
税收和社会保障的一体化改革大纲	2012	最低保障年金（税方式、限制所得）	7 万日元	一元化，累积方式

基础年金的改革方案有基础年金全额税方式和最低保障年金方式。两者的资金来源都是税金。由于现在很多年轻人拒不缴纳年金，资金来源只能是税金。两者之间的区别在于，前者是低收入者也能够领取基础年金以外的年金，后者是达一定收入水平的人才能领取的年金，即报酬比例部分加最低保障年金。

基础年金全额税方式中,因为全体国民都能够领取年金,所以高收入人群领取的年金也从税金中支出。最低保障年金制度是指达到一定的收入水平后年金也有所增长。如果收入增加而领取的年金没什么变化,恐怕会降低人们的劳动积极性。对全体国民支付基础年金,在此基础之上再按照收入来调整年金,这种基础年金全额税的方式从原理机制上看更合理。

报酬比例部分也有民营化方案

很多人觉得,把自己缴纳的年金存起来,退休后就能自己给自己支付年金了,这种累积方式是最理想的。如果采用这种累积方式,基本上领取的年金就是自己的储蓄。

每个人所领取的年金额度是根据工作时缴纳的年金总额来确定的。这种报酬比例型年金有多种方案,最多的就是向累积型年金转变。税收和社会保障一体化改革大纲建议把厚生年金或共济年金等按照累积制度统一成一个年金制度。

经济同友会和日本经济研究中心则建议停止政府介入报酬比例年金制度,全部实行民营化。由于国民最低限度的生活保障由基础年金或者最低保障年金来支付,因此国家无需再承担其他的年金给付了。这种想法不仅能减轻国库的负担,还能让每个国民自己解决自己的年金累积问题。

累积方式是解决代际差距问题的最理想的方式。问题在于,从赋课方式转向累积方式的过程中会产生“两重负担”问题,即向累积方式转换的一代人既要累积自己的年金又承担老年人的年金。

笔者认为，与其通过增税来把负担加到某一代人的身上，还不如通过发行国债的方式把负担加到每一代人的身上，从而使这一负担被摊薄，也可以维持代际之间的公平和均衡。

专栏

管理和最佳化

彼得·德鲁克列举了管理的三大作用：瞄准组织的目标以获取高水平的成果、通过工作来灵活使用劳动者的才能、为解决社会问题贡献力量。

最适当化是指，面对时时刻刻变化着的复杂的对象（系统），在现有条件下，能最大限度地达成目的的方法。例如，搭乘日本国家铁路的特急列车从新宿到甲府去，想要花最少的车费该如何买票呢？习惯性的思维是购买从新宿直达甲府的车票，应该是最便宜的。其实，隔两三站买一次车票才是最便宜的。当与习惯性思维相悖的答案出现时，最佳化才开始发挥威力。然而很遗憾，我们无法寻找到复杂的最佳化问题的最佳解答。

管理的问题也是如此。管理最佳化是指管理层通过实施一项决策来最好地实现管理的三大作用。但是，除了极端单纯的问题以外，想要套用一种方法来解决所有问题是极为困难的。在实际生活，与其为了寻找一个100%正确的决策而花费大量的时间，还不如确定好目标，从几个候选的政策方案中挑选一个最理想的方案，然后尽早实施，这才是最有效的方法。

把互相补充必要信息的两个方法结合在一起，就能形成最佳化问题的方法。例如，把左脑和右脑的思考结合在一起，左脑负责理论分析，右脑则凭借直觉来快速认识现状。相信大多数动物都是这样的，不然为什么大多数动物的大脑都由左脑和右脑组成呢？当截然不同的左右脑功能按需结合在一起时，就可以让人类这个复杂的系统更好地运转起来。实际上，要解决最佳化问题，一定会存在两种大相径庭的方法，就如同左脑和右脑一样。方法 A 是用常规方法来寻求最佳解答，但需要庞大的计算量；方法 B 是快速地计算出最佳解答，但我们知道计算过程并不稳定。如今，人们还在期待新的最佳化方法。